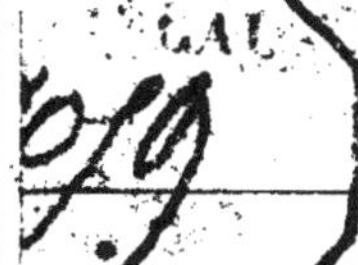

# GÉOGRAPHIE PHYSIQUE

# DU GLOBE

ET

## GÉOGRAPHIE GÉNÉRALE

## DE L'ASIE MODERNE

rédigées conformément aux derniers programmes officiels

POUR LA CLASSE DE SIXIÈME

## PAR E. CORTAMBERT

PARIS

LIBRAIRIE DE L. HACHETTE ET Cⁱᵉ

RUE PIERRE-SARRAZIN, Nᵒ 14

Près de l'École de médecine

# GÉOGRAPHIE PHYSIQUE

# DU GLOBE

## ET

### GÉOGRAPHIE GÉNÉRALE

## DE L'ASIE MODERNE

---

**CLASSE DE SIXIÈME**

# ATLAS DE GÉOGRAPHIE

DRESSÉS SOUS LA DIRECTION

## DE M. E. CORTAMBERT.

1° **Atlas** (petit) **géographique du premier âge,** contenant 9 cartes enluminées et précédées d'un texte explicatif. 1 volume grand in-18. Prix, cartonné. 75 c.

2° **Atlas** (petit) **de géographie ancienne,** composé de 12 cartes enluminées, format 1/4 jésus. 1 vol. gr. in-8. Prix, cart. 1 fr. 75 c.

3° **Atlas** (petit) **de géographie du moyen âge,** composé de 12 cartes enluminées, format 1/4 jésus. 1 vol. gr. in-8. Prix, cartonné. 1 fr. 75 c.

4° **Atlas** (petit) **de géographie moderne,** composé de 12 cartes. Nouvelle édition gravée sur acier. Grand in-8. Prix, cart. 2 fr. 50 c.

Chaque carte de cet atlas, séparément. 20 c.

Cet atlas est approprié à la classe de Sixième.

5° **Atlas** (petit) **de géographie ancienne et moderne,** composé de 24 cartes enluminées. 1 vol. grand in-8. Prix, cart. 3 fr. 50 c.

6° **Atlas** (petit) **de géographie ancienne, du moyen âge et moderne,** composé de 36 cartes enluminées. 1 volume grand in-8. Prix, cartonné. 5 fr.

7° **Atlas** (nouvel) **de géographie moderne,** contenant 40 cartes enluminées, format 1/4 jésus. 1 vol. gr. in-4. Prix, cart. 7 fr. 50 c.

Cet atlas est approprié aux classes de Cinquième, de Quatrième, de Troisième et de Seconde.

8° **Atlas** (nouvel) **de géographie,** contenant, en 64 cartes, la cosmographie, la géographie physique, la géographie historique ancienne et moderne. 1 vol. grand in-8. Prix, cartonné. 10 fr.

Chaque carte de cet atlas séparément. 15 c.

9° **Atlas** (petit) **de géographie moderne,** augmenté d'une carte géologique de la France et d'une carte de la France divisée en bassins hydrographiques, avec la distribution des espèces animales, végétales et minérales. 1 vol. grand in-8. Prix, cartonné, 3 fr.

Cet atlas est approprié à la classe de Rhétorique.

---

Paris. — Imprimerie de Ch. Lahure et C<sup>ie</sup>, rue de Fleurus, 9.

# GÉOGRAPHIE PHYSIQUE

# DU GLOBE

## ET

## GÉOGRAPHIE GÉNÉRALE

## DE L'ASIE MODERNE

rédigées conformément aux derniers programmes officiels

POUR LA CLASSE DE SIXIÈME

## PAR E. CORTAMBERT

NOUVELLE ÉDITION

## PARIS

LIBRAIRIE DE L. HACHETTE ET Cⁱᵉ

RUE PIERRE-SARRAZIN, Nº 14

(Près de l'École de médecine)

1861
1860

# GÉOGRAPHIE PHYSIQUE

## DU GLOBE

## ET GÉOGRAPHIE GÉNÉRALE DE L'ASIE MODERNE.

---

### CHAPITRE PREMIER.

Objet de la géographie. — Ce qu'on entend par géographie physique
et par géographie politique. — Définition des principaux termes.

**Objet de la géographie.** — La géographie a pour
objet la description de la Terre, c'est-à-dire de la de-
meure et de la propriété commune de l'humanité; or,
il nous importe éminemment de bien connaître notre de-
meure, de savoir d'où viennent les productions propres
aux usages des hommes, par quelles voies on peut les
faire parvenir jusqu'à nous, comment nous pouvons, à
notre tour, les faire passer chez les autres peuples; quels
sont enfin les rapports que nos besoins nous forcent d'éta-
blir avec les divers habitants de la Terre. Tout cela est
enseigné par la géographie.

La géographie est encore un guide indispensable pour
l'histoire, la politique et la guerre.

Elle est comme une espèce de voyage agréable sur tout
le globe; elle offre le panorama pittoresque et curieux de
la surface terrestre; elle nous en fait passer sous les
yeux les aspects si variés, les accidents naturels si nombreux, et nous montre en même temps les monuments
ingénieux des hommes, les physionomies et les mœurs
des nations; enfin, en nous faisant connaître et admirer
les beautés de la nature, les précieuses richesses que Dieu

a prodiguées de toutes parts, elle nous apprend à admirer et à aimer davantage le créateur de tant de choses.

En résumé, la géographie a trois grandes propriétés, qui lui assignent un des premiers rangs dans les connaissances humaines : ces propriétés sont d'*être utile*, par son côté commercial, industriel, historique et politique; d'*être agréable*, comme une espèce de voyage ou de panorama général ; enfin d'*être morale* et *religieuse*, par les sentiments qu'elle nous inspire pour Dieu.

**Ce qu'on entend par géographie physique et par géographie politique.** — On peut diviser la géographie en deux branches principales : la *géographie physique* et la *géographie politique*.

La première décrit tout ce que la *nature* a produit sur la Terre, c'est-à-dire les divisions naturelles de la surface du globe, la configuration et la composition du sol, les eaux, les productions, le climat. Il s'y rattache la *géographie cosmographique*, qui traite des rapports de la Terre avec le reste de l'Univers.

La géographie politique embrasse les divisions que les *hommes* ont établies, les habitations qu'ils ont fondées, les relations que les divers peuples ont entre eux, leur commerce, leur industrie, leur condition civile et religieuse. A la géographie politique se rattache la *géographie historique*, qui expose les changements d'étendue et de noms qu'ont éprouvés, dans le cours des siècles, les diverses contrées et les habitations des hommes.

**Définition des principaux termes. — *Termes cosmographiques*.** — Comme la Terre est ronde, sa circonférence, ainsi que celle de tous les corps sphériques, est divisée en 360 *degrés* ; le degré comprend 60 *minutes*, et la minute 60 *secondes* [1].

Elle tourne sur elle-même dans l'espace de vingt-quatre

---

1. On désigne les degrés par ce signe °, les minutes par celui-ci ′, et les secondes ainsi ″.

heures. On appelle *axe* la ligne imaginaire sur laquelle se fait ce mouvement ; les *pôles* sont les extrémités de cet axe ; l'*équateur* est un cercle qui, placé à égale distance des deux pôles, coupe le globe en deux moitiés ou *hémisphères*.

Les *méridiens* sont des cercles perpendiculaires à l'équateur et passant tous par les pôles.

Les *parallèles* sont des cercles parallèles à l'équateur ; parmi ces cercles, on remarque les *tropiques du Cancer* et du *Capricorne*, à 23 degrés et demi de l'équateur, et les *cercles polaires arctique* et *antarctique*, à 23 degrés et demi des pôles.

L'*horizon* est un cercle dont la circonférence est la limite naturelle de notre vue autour de nous.

Il y a sur l'horizon quatre *points cardinaux :* 1° le *nord* ou *septentrion*, qui est aussi appelé point *boréal ;* 2° le *sud* ou *midi*, qui se nomme aussi point *austral* ou *méridional ;* 3° l'*est, levant* ou *orient ;* 4° l'*ouest, couchant* ou *occident*. — On compte ensuite quatre *points collatéraux :* le *nord-est*, le *nord-ouest*, le *sud-est* et le *sud-ouest*.

Il se trouve, entre les points précédents, des points *inter-médiaires*, dont les huit principaux sont : le *nord-nord-est*, le *nord-nord-ouest*, l'*est-nord-est*, l'*ouest-nord-ouest*, le *sud-sud-est*, le *sud-sud-ouest*, l'*est-sud-est* et l'*ouest-sud-ouest* [1].

Il y a cinq *zones*, établies d'après les principales températures qui règnent sur le globe : la *zone torride*, entre les deux tropiques ; les deux *zones tempérées* (*boréale* et *australe*), entre les tropiques et les cercles polaires ; les *zones glaciales arctique* et *antarctique*, autour des pôles.

La *latitude* est la dimension du globe du nord au sud ; elle est coupée par l'équateur en deux parties, dont chacune a 90 degrés, de l'équateur à l'un des pôles ; on distingue donc une *latitude* N. et une *latitude* S. La *longitude* est la dimension du globe de l'ouest à l'est ; elle est coupée par un premier méridien en deux parties, dont chacune comprend 180 degrés ; on distingue une *longitude* E. et

---

1. On abrége les noms de *nord*, *sud*, *est*, *ouest*, en écrivant N., S., E., O.

une *longitude* O. On n'est pas d'accord sur le choix du premier méridien : les Français comptent la longitude à partir du méridien de l'Observatoire de Paris ; les Anglais font passer leur premier méridien par l'Observatoire de Greenwich, à 2° 20′ à l'O. du méridien de Paris ; d'autres nations prennent le premier méridien de l'île de Fer, à 20° à l'O. de Paris.

***Termes de géographie physique***. — Les plus grands espaces de terre sont les *continents*.

On appelle *contrée, région* ou *pays* une certaine étendue de terre présentant les mêmes caractères physiques, ou habitée par des hommes qui ont les mêmes lois, les mêmes usages, la même langue.

Les *îles* sont des espaces de terre entourés d'eau de toutes parts et bien moins grands que les continents. Les îles rapprochées les unes des autres composent des *groupes* et des *archipels*. On donne le nom d'*îlots* aux îles les plus petites. Des rochers qui s'élèvent au-dessus de l'eau, ou qui sont peu au-dessous de sa surface, forment des *écueils*, des *récifs*, des *brisants*.

Des espaces bas et sablonneux, fréquemment recouverts par les eaux, se nomment *bancs de sable*.

Les *presqu'îles* et les *péninsules* (anciennement *chersonèses*) sont des portions de terre entourées d'eau presque de tous côtés.

L'*isthme* est un espace étroit qui unit entre elles deux portions de terre.

Les *côtes* sont les bords des continents et des îles ; elles présentent souvent de petits avancements, qui portent les noms de *promontoires*, de *caps* et de *pointes*. Les côtes escarpées sont des *falaises;* les côtes qui descendent en mourant auprès de l'eau, sont des *plages*, des *grèves*.

Les parties plates de la surface des terres s'appellent *plaines*. Les plaines arides et sablonneuses sont des *déserts;* les *oasis* sont de petits cantons fertiles au milieu de ces solitudes.

On appelle *landes* les déserts peu étendus qu'on trouve

dans quelques parties de l'Europe; on donne à certains déserts les noms de *steppes* et de *savanes*.

Les hauteurs les plus considérables sont les *montagnes;* les plus petites forment les *collines,* les *monticules,* les *tertres,* les *buttes,* les *mornes;* les collines sablonneuses qui bordent fréquemment les côtes se nomment *dunes.*

Les montagnes sont généralement disposées par *chaînes;* à une chaîne principale se rattachent des *branches* et des *rameaux;* plusieurs chaînes réunies, et présentant du rapport entre elles dans leur constitution, forment des *groupes;* quand leur ensemble est très-considérable, elles constituent un *système* de montagnes.

Les *plateaux* sont des espaces élevés et plats, entourés par des hauteurs; le nom de plateau s'applique aussi aux petites plaines qui couronnent certaines montagnes. Il faut distinguer les plateaux *fermés,* c'est-à-dire ceux qui sont entourés d'un rebord non interrompu de hauteurs, et les plateaux *ouverts,* qui ne sont pas entièrement enveloppés.

Les *volcans* sont des montagnes qui vomissent des pierres calcinées, des matières minérales fondues qu'on nomme *laves,* des flammes, de la fumée, divers gaz, des cendres, des sables, des graviers ou *pouzzolanes,* des fragments plus gros appelés *ponces* et *scories,* quelquefois de l'eau et de la boue. Le *cratère* est l'ouverture par laquelle sont lancés les corps que projette l'éruption volcanique. Les volcans sont comme les cheminées par où s'échappent les gaz du foyer ardent qui existe très-vraisemblablement dans l'intérieur de la Terre. Les hauteurs volcaniques qui n'exhalent que des gaz se nomment *solfatares.*

Les *tremblements de terre* sont des phénomènes terribles dus sans doute aussi aux gaz intérieurs qui cherchent une issue et qui brisent violemment le sol pour se créer un passage.

On nomme *cime* ou *sommet* le plus haut point d'une montagne : tantôt les cimes sont élancées et forment des *aiguilles,* des *dents* et des *cornes;* tantôt elles sont coniques et prennent alors les noms de *pics*, de *puys* et de *pitons*. On donne le nom de *tours* ou de *cylindres* aux sommets taillés à pic qui ressemblent de loin à d'anciennes fortifications.

Les deux grandes faces d'une chaîne de montagnes s'appellent *flancs*, *pentes*, *revers* ou *versants*; la partie la plus haute de la chaîne est le *faîte*, la *crête* ou l'*arête*. Les passages étroits dans les montagnes sont appelés *défilés*, *cols*, *pas* ou *gorges*, quelquefois *portes*, *pyles* ou *ports*; un défilé peut aussi être resserré entre une montagne et une masse d'eau. La ligne de partage des eaux est cette partie de la chaîne qui sépare les eaux entraînées sur des revers opposés et dirigées vers des récipients différents.

Les *vallées* et les *vallons* sont des espaces allongés qui se trouvent renfermés entre deux montagnes ou deux chaînes de montagnes. L'*entrée* de la vallée en est l'extrémité la plus basse, celle qui s'ouvre dans la plaine voisine ou dans une vallée plus grande; la *tête* est l'extrémité opposée et la plus haute de la vallée. Les montagnes les plus élevées et le haut des vallées voisines sont souvent couverts de neiges et de glaces perpétuelles, dont les amas sont appelés *glaciers*.

Les *grottes* ou *cavernes* sont des cavités souterraines qui ont été formées, les unes par l'action des gaz sortis du sein de la Terre, les autres par l'action de l'eau. Les masses calcaires qu'y déposent les eaux s'appellent *stalactites* quand elles pendent de la voûte, et *stalagmites* si elles s'appuient sur le sol.

On nomme *altitude* l'élévation d'un point au-dessus du niveau de la mer.

La *mer* est la grande étendue d'eau salée qui couvre les deux tiers du globe. Sa partie principale s'appelle l'*océan*. En pénétrant dans les terres, l'océan produit les *mers proprement dites*, puis les *golfes*, les *baies* et les *anses*, qui sont des enfoncements moins grands.

Les *ports* et les *havres* sont des espaces peu étendus qui s'avancent dans les terres, et qui, abrités contre les vents et les grands mouvements de la mer, sont propres à servir d'asile aux navires.

Une *rade* est tantôt un enfoncement comparable à une petite baie, à une anse, et où les vaisseaux peuvent tenir à l'ancre, tantôt un espace de mer placé devant un port et qui, à l'abri de certains vents, mais moins sûr que le port, permet aux bâtiments de rester à l'ancre.

Un *détroit* est un espace de mer resserré entre deux terres. On l'appelle quelquefois aussi *canal*, *pas*, *pertuis*.

Les *amas* d'eau considérables placés au milieu des terres sont des *lacs*. Il y en a d'assez grands pour porter le nom de *mers* : telle est la *Caspienne*, au milieu de l'ancien continent.

Sur la surface des mers et des lacs, des vents violents font naître des *ondes*, des *vagues*, des *lames* et des *flots*.

Les mers ont aussi des *courants* qui portent les eaux dans certaines directions.

Enfin, par l'effet de l'attraction de la Lune et du Soleil, les eaux de la mer s'élèvent et s'abaissent tour à tour deux fois par jour : c'est ce qu'on appelle les *marées*, divisées par conséquent en *marée montante* ou *flux*, et *marée descendante* ou *reflux*.

Les amas d'eau peu profonds situés au milieu des terres sont des *marais*. L'eau croupissante de ces tristes lieux répand presque toujours des exhalaisons malsaines.

Les *lagunes* sont des espèces de lacs placés près de la mer et formés tantôt par des cours d'eau qui s'épanchent sur une côte plate, tantôt par de petits golfes qui ne communiquent avec la mer que par d'étroites entrées.

Les eaux vives qui sortent de la terre sont des *sources* ou des *fontaines*.

Les plus petits cours d'eau portent le nom de *ruisseaux;* les plus grands, celui de *fleuves*, s'ils se rendent directement à la mer ; les autres sont des *rivières*, qui se jettent ou dans les fleuves ou dans d'autres rivières. Si le cours d'eau qui va tomber directement dans la mer n'est pas considérable, on peut l'appeler aussi *rivière.*

Les *torrents* sont des cours d'eau rapides et momenta-
nés auxquels donne naissance, dans les pays montagneux,
une chute abondante de pluie ou une grande fonte de
neige. On donne quelquefois ce nom à toute rivière très-
impétueuse.

Un *confluent* est l'endroit où deux cours d'eau s'unissent.

Un cours d'eau se jette dans la mer par une *embouchure*
ou par plusieurs *bouches;* dans ce dernier cas, l'espace
compris entre ses branches et la côte de la mer forme
un *delta*, territoire ordinairement très-bas et très-fertile,
produit par les *alluvions* du fleuve, c'est-à-dire par les
dépôts qu'il a entraînés dans son cours.

Les *affluents* d'un cours d'eau sont les divers cours
d'eau qu'il reçoit.

La *rive droite* d'un cours d'eau est la rive située à la
droite d'une personne qui, placée sur le courant, regarde
le point vers lequel elle se dirige. La *rive gauche* est à la
gauche de cette personne. Les rives élevées sont des *ber-
ges;* les rives basses sont des *grèves*.

Le *lit* d'un cours d'eau est le sol sur lequel il coule et
où il est maintenu par les deux rives.

Le lit d'un cours d'eau offre quelquefois de brusques
inégalités, des précipices profonds, et l'eau tombe alors
avec fracas, en formant des nappes majestueuses. Quand
c'est une grande rivière qui se précipite ainsi, la chute
prend le nom de *cataracte;* quand c'est un ruisseau, elle
s'appelle *cascade*. Un *rapide* est une chute très-peu considérable.

Le *bassin* d'un cours d'eau est tout le territoire dont les
eaux viennent se rendre dans ce cours d'eau. La longue
ceinture d'éminences qui sépare un bassin de ceux qui
l'avoisinent s'appelle la *ligne de partage des eaux*.

Le *bassin* d'une mer est l'espace qui comprend, outre
cette mer elle-même, l'ensemble de tous les territoires
qui y versent leurs eaux. Le territoire qui verse ses eaux
dans une mer constitue le *versant* de ce territoire vers
cette mer.

Le nom de *canal*, qui s'applique, comme on l'a vu, à certains bras de mer, est donné plus fréquemment encore à une rivière artificielle, destinée ordinairement à faire communiquer ensemble deux cours d'eau et à faciliter, par la navigation, les relations commerciales. Quelquefois un canal sert à arroser un canton trop sec ; d'autres fois il est creusé pour favoriser l'écoulement des eaux et assainir un pays.

Un *étang* est un petit lac artificiel, produit par un ruisseau dont on arrête le cours au moyen d'une chaussée. Dans le sud de la France, on applique souvent aux lagunes la dénomination d'*étangs*.

**Termes de géographie politique.** — Les hommes sentent le besoin de se réunir en *sociétés*. Les sociétés ou réunions d'hommes les plus avancés en civilisation composent les *nations* ou les *peuples*.

Les réunions les moins civilisées forment les *peuplades*, les *tribus*, les *hordes*, les *familles* isolées.

Les peuplades qui s'occupent du *soin des troupeaux* prennent le nom de *nomades*. Celles qui se livrent uniquement à la pêche et ne vivent que de poisson s'appellent *ichthyophages*.

Les nations civilisées ont pour habitations des *maisons*. Les maisons sont ordinairement réunies en groupes : les grands amas de maisons forment les *villes* et les *cités* ; un *bourg* est moins considérable qu'une ville ; un *village* est moins important qu'un bourg ; les plus petits groupes sont les *hameaux*.

Les peuplades n'ont souvent pour habitations que de misérables *huttes*, formées de branches et de feuillages ; quelquefois elles habitent dans des *cavernes* ; quelques-unes enfin s'abritent sous des *tentes* faites de peaux d'animaux ou d'étoffes grossières supportées par des pieux.

Chaque réunion d'hommes a besoin d'un *gouvernement* pour y maintenir l'ordre. Beaucoup de peuples sont gouvernés par un seul chef, c'est-à-dire par un monarque, auquel on donne le titre de *roi* ou celui d'*empereur :* le gouvernement est alors une *monarchie*, et la contrée prend le nom de *royaume* ou celui d'*empire*.

Mais souvent une nation a plusieurs chefs à la fois, et son gouvernement, ainsi que le pays qu'elle habite, s'appelle alors *république*.

**Termes relatifs aux dessins géographiques.** — Pour représenter la Terre, on se sert de *globes artificiels* et de *cartes*.

La carte qui représente la terre entière est la *mappemonde* ou le *planisphère :* tantôt elle en montre séparément les deux hémisphères, parce qu'il serait impossible de voir sur le papier le globe tout entier tel qu'il est naturellement : la moitié supérieure cacherait la moitié inférieure. Tantôt on ne cherche pas à rendre sur la mappemonde la rondeur de la Terre, mais on enlève en quelque sorte au globe sa surface, on la développe et on l'étend, aplatie, sur le papier ; alors la carte est carrée, et l'on n'a pas besoin de faire deux hémisphères séparés ; mais, sur ces cartes, les pays sont déformés et démesurément agrandis vers les pôles.

Les autres cartes sont appelées *générales*, si elles offrent une grande contrée dans son ensemble, et *particulières*, si elles décrivent seulement des parties d'une contrée principale. On appelle aussi cartes *chorographiques* les cartes destinées à décrire une région peu étendue. On nomme cartes *topographiques* celles qui présentent des détails très-multipliés et jusqu'aux moindres lieux. Les cartes *hydrographiques* sont celles qui ont pour but principal de faire connaître les eaux. On nomme spécialement *cartes marines* celles qui n'ont pour but que la description des mers et qui sont propres à guider les navigateurs.

C'est sur les marges de l'est et de l'ouest, à chaque parallèle dessiné, qu'on écrit les numéros indiquant les degrés de latitude. Les degrés de longitude sont écrits sur les marges du nord et du sud, ou le long de l'équateur, à chaque méridien dessiné.

Une *échelle* est une petite mesure placée sur les cartes à côté des pays représentés, et au moyen de laquelle on peut évaluer sur la carte la distance des lieux et l'étendue des pays en *mesures itinéraires*, telles que *kilomètres, lieues*, etc.

La terre a 40 000 kilomètres (ou 4000 myriamètres) de tour ; en effet, il y a 10 000 000 de mètres, c'est-à-dire 10 000 kilomètres, ou 1000 myriamètres, dans le quart du méridien terrestre. Dans un des 360 degrés d'un grand cercle terrestre, c'est-à-dire dans un degré de l'équateur ou du méridien, il entre environ 111 kilomètres ou 11 myriamètres. Comme, d'un autre côté, la Terre a 9000 lieues communes de tour, il y a 25 lieues dans un degré. La lieue égale à peu près 4 kilomètres et demi.

Le mille marin ou géographique est de 60 au degré ; le mille géographique d'Allemagne, de 15 au degré, et le mille anglais, d'environ 69 au degré.

# CHAPITRE II.

Division de la surface du globe en terres et en eaux. — Forme générale de l'ancien et du nouveau continent.

**Division de la surface du globe en terres et en eaux.** — La surface du globe se divise en deux grandes parties : 1° les *terres*; 2° les *eaux*, dont l'ensemble forme la *mer*. Les terres, placées en majeure partie au N. de l'équateur, n'occupent qu'environ un tiers de cette surface. Sur 510 000 000 de kilomètres carrés dont se compose la surface du globe, il y en a 135 000 000 pour les terres et 375 000 000 pour la mer. Dans l'hémisphère boréal, les terres sont aux eaux comme 100 à 154, et dans l'hémisphère austral comme 100 à 628.

**Forme générale de l'ancien et du nouveau continent.** — Les terres forment trois *continents* et un grand nombre d'*îles*. Les premiers sont : 1º *l'ancien continent*, comprenant l'*Europe*, l'*Asie* et l'*Afrique;* 2º le *nouveau continent* ou l'*Amérique;* 3º l'*Australie* ou *Nouvelle-Hollande*, bien moins considérable que les deux autres continents, et comprise dans une cinquième partie du monde, nommée *Océanie*.

L'ancien et le nouveau continent ont entre eux des rapports de forme très-remarquables : chacun présente deux grandes masses, l'une septentrionale, l'autre méridionale; la masse du nord, dans l'ancien continent, comprend l'Europe et l'Asie; la masse du sud forme l'Afrique; — la masse du nord, dans le nouveau continent, est l'*Amérique septentrionale;* la masse du sud, l'*Amérique méridionale*. Dans chaque continent, ces deux masses sont réunies par un isthme, resserré entre deux enfoncements de la mer; dans chacun, la masse septentrionale est plus considérable et beaucoup plus irrégulière que la masse méridionale; enfin les parties australes de ces continents ont une grande ressemblance, et s'avancent également au S. en longues pointes pyramidales. La longueur de l'ancien continent, qui est le plus étendu, est dirigée du N. E. au S. O.; celle du nouveau, du N. N. O. au S. S. E. Il faut remarquer que la masse du nord de l'ancien continent s'étend de l'E. à l'O., tandis que celle du nouveau continent s'étend du N. au S. Mais, dans chaque continent, la masse du S. a sa plus grande longueur du N. au S. Enfin, les presqu'îles nombreuses que renferme chacune des deux masses septentrionales sont généralement tournées vers le S.

Les continents offrent une surface totale de 125 000 000 de kilomètres carrés; les îles, de 10 000 000 de kilomètres carrés.

L'ancien continent a 79 330 000 kilomètres carrés; le nouveau, 37 980 000, et le continent austral, 7 660 000.

# CHAPITRE III.

Division du monde en cinq parties; ce que les anciens
en connaissaient.

**Division du monde en cinq parties.** — L'Europe,
qui occupe le N. O. de l'ancien monde, est la plus petite
des cinq parties du globe, mais la plus importante par
sa civilisation. Les côtes en sont extrêmement découpées :
on y voit beaucoup de presqu'îles, dont les principales
sont la *Scandinavie*, au N., la *péninsule Hispanique*, au
S. O., l'*Italie* et la *péninsule Turco-Hellénique*, au S.

L'Asie, qui occupe l'E. de l'ancien continent, en est la
plus grande partie. Elle a aussi des côtes assez irrégulières. Au N., s'avance fort loin le cap *Septentrional*, le
plus boréal de l'ancien monde ; à l'E., sont les presqu'îles de *Kamtchatka* et de *Corée ;* au S., on voit la
presqu'île de l'*Indo-Chine* (avec celle de *Malaka*) et la
presqu'île de l'*Hindoustan*, appelées dans leur ensemble
les *presqu'îles de l'Inde ;* au S. O., est la presqu'île d'*Arabie*, et, à l'O., celle de l'*Asie Mineure*.

L'Afrique se trouve dans le S. O. de l'ancien continent. Elle a une forme régulière et des côtes sans découpures.

L'Amérique est formée, comme on l'a vu, de deux
grandes masses : l'*Amérique septentrionale* et l'*Amérique
méridionale*.

L'Amérique septentrionale a des côtes très-échancrées,
comme celles de l'Europe et de l'Asie, et il s'y trouve
beaucoup de presqu'îles, telles que le *Labrador*, à l'E., la
*Floride*, le *Yucatan*, au S., et la *Californie*, à l'O. L'Amérique méridionale a une forme régulière et des côtes
presque partout uniformes, comme celles de l'Afrique.

L'Océanie, composée d'un grand nombre de terres dis-

séminées dans le Grand océan, a pour région principale
l'*Australie*.

### TABLEAU DE L'ÉTENDUE ET DE LA POPULATION
### DES PARTIES DU MONDE.

| | Kilom. carrés. | Population. |
|---|---|---|
| Europe continentale................. | 9 030 000 | 270 000 000 |
| Europe avec les îles................. | 10 150 000 | |
| Asie continentale................... | 41 200 000 | 700 000 000 |
| Asie avec les îles................... | 42 160 080 | |
| Afrique continentale................ | 29 100 000 | 100 000 000 |
| Afrique avec les îles................ | 29 700 000 | |
| Amérique continentale ............. | 37 980 000 | 68 000 000 |
| Amérique avec les îles (Groenland, etc.) | 42 480 000 | |
| Australie ........................ | 7 660 000 | 30 000 000 |
| Australie avec les îles, ou Océanie.... | 10 850 000 | |

Ainsi, la superficie des parties du monde est d'à peu près
135 000 000 de kilomètres carrés, et la population générale du globe s'élève à environ 1 170 000 000 d'habitants.

**Connaissances géographiques des anciens.** — Les
anciens étaient loin de connaître toutes les parties du
globe; leurs notions géographiques les plus étendues
ne comprirent que l'Asie occidentale, l'Afrique septentrionale et l'Europe méridionale et moyenne.

Les Hébreux ne connurent qu'une très-faible portion
de l'ancien continent, c'est-à-dire les extrémités occidentales de l'Asie, un peu le N. E. de l'Afrique, et une fort
petite partie du S. E. de l'Europe. Mais aucune de ces
parties du monde n'est indiquée dans les Écritures sous
la dénomination qui est maintenant en usage: le nom
d'*Asie*, qui se présente quelquefois dans le Nouveau
Testament, ne désigne qu'une portion de l'Asie Mineure.

Les Hébreux désignèrent la plupart des principaux pays
par les noms des enfants de *Sem*, de *Kham* et de *Japhet*.
Ainsi, les pays d'*Arphaxad*, d'*Assur*, d'*Elam*, d'*Aram*, à
l'E., vers les bords de l'Euphrate et du Tigre, devaient
leurs noms à des fils de Sem. —Ceux de *Mesraïm* (Egypte),
de *Khus*, de *Canaan*, au S. O., vers le Nil, la mer Rouge

et la partie la plus orientale de la Méditerranée, devaient
les leurs à des fils de Kham. — Enfin, au N. O., le pays
de *Javan*, qui paraît correspondre à la région la plus
méridionale de l'Europe, portait le nom de l'un des fils
de Japhet.

Les poëtes grecs du ıx<sup>e</sup> siècle avant J. C. représentaient
la Terre comme un disque autour duquel le fleuve *Océan*
roule ses eaux inaccessibles aux mortels vulgaires. Sur
ce disque s'étendaient deux grandes régions, l'une au N.,
l'autre au S., séparées par une vaste mer. La partie septentrionale de la première de ces régions est nommée
par Homère *Côté de la Nuit*; la partie méridionale de la
seconde prend le nom de *Côté du Jour*. La *Grèce* occupait
le milieu de la Terre; dans le voisinage de cette contrée,
au S. E. et à l'E., étaient les îles de *Crète*, de *Cypre*, et la
presqu'île que l'on a nommée depuis *Asie Mineure*. La
*Sicile* ou *Trinacrie*, et l'*Hespérie* ou pays du Couchant,
formaient à l'O. les limites des connaissances certaines.
La *Colchide* et le pays des *Arimes* étaient les contrées les
plus reculées vers l'E.; au N., se trouvait la *Thrace*. Vers
le S., on connaissait l'*Égypte* et la *Libye*. Au delà de ces
limites, commence l'empire des traditions incertaines, où
les anciens poëtes plaçaient au hasard une infinité de
peuplades, telles que les *Cimmériens* ou les *Cimbres*, les
*Hyperboréens*, les *Macrobiens*, les *Abiens*, les *Grifons*, les
*Arimaspes*, dans la région septentrionale; et les *Pygmées*,
les *Éthiopiens*, les *Érembes*, dans la région méridionale.

Au v<sup>e</sup> siècle avant J. C., la géographie avait déjà fait
de grands progrès. Hérodote divisait le monde en deux
parties, l'*Europe* et l'*Asie*. Dans la première, se trouvaient
la *Grèce* et ses îles nombreuses; l'*Épire*, la *Thrace*, l'*Illy-
rie*, l'*Italie*, la *Tyrrhénie*, les *Liguriens*, les *Celtes*, l'*Ibérie*
ou la *Grande-Hespérie*, placée sur les limites occidentales
de la Terre; enfin la *Scythie*, habitée par des tribus guerrières, dont quelques-unes étaient confinées aux extrémités orientales du monde connu, à l'E. de la mer Caspienne.
— L'Asie renfermait la *Phrygie* et les autres parties de
l'Asie Mineure; l'*Assyrie*, la *Perse* et plusieurs pays envi-

ronnants; l'*Inde*, l'*Arabie*, l'*Égypte*, la *Libye*, les *Troglo-
dytes* ou habitants des cavernes, les *Garamantes*, les
*Atlantes*, voisins de l'Atlas, et l'*Éthiopie*.

Ératosthène, qui vivait dans le iii<sup>e</sup> siècle avant J. C.,
admettait trois grandes divisions : l'*Europe*, l'*Asie* et la
*Libye*, nommée plus tard *Afrique*. Il plaçait à l'O. du continent la mer *Atlantique occidentale*, dans laquelle il connaissait l'île d'*Albion*. Au N., était l'océan *Septentrional*
ou *Scythique*, qui renfermait l'île *Basilia* ou *Baltia*, et qu'on
supposait uni à la mer *Caspienne* par un large détroit.
L'Asie était baignée à l'E. par la mer *Atlantique orientale ;* au S., elle avait la mer *Érythrée*, où l'on trouvait la
grande île *Taprobane*.

Ptolémée, dans le ii<sup>e</sup> siècle après J. C., divisait le
monde en trois parties : l'*Europe*, l'*Asie*, et l'*Afrique* ou
*Libye*, réunies en un seul continent. Ce monde était borné
à l'O. par l'océan *Atlantique*, qui prenait au S O. de l'A-
frique le nom d'océan *Éthiopique*. Au N., s'étendait l'o-
céan *Hyperboréen* ou la mer *Paresseuse*, dont on croyait
les eaux toujours glacées. A l'E., les limites des terres
étaient inconnues. Vers le S., l'océan *Indien* baignait les
côtes de l'Asie, et le midi de l'Afrique était encore
couvert d'obscurité. Entre les trois grandes divisions de
l'ancien monde, était resserrée la mer *Intérieure* (Méditerranée).

---

# CHAPITRE IV.

Division de l'océan en grandes mers. — Mers intérieures. — Isthmes
et détroits principaux. — Grandes îles du globe.

**Division de l'océan en grandes mers. — Mers in-
térieures.** — L'océan, qui est la masse générale de la mer
répandue sur le globe, se divise en cinq parties : 1° l'*océan
Atlantique*, à l'O. de l'ancien continent et à l'E. du

nouveau ; 2° le *Grand océan* ou *océan Pacifique*, à l'E. de l'ancien continent et de l'Australie, et à l'O. du nouveau continent; 3° l'*océan Indien*, au S. E. de l'ancien continent et à l'O. de l'Australie; 4° l'*océan Glacial arctique*, qui s'étend au nord de l'ancien et du nouveau continent; 5° l'*océan Glacial antarctique*, dans la zone glaciale du sud.

Si l'on observe d'abord les avancements formés par l'océan dans les terres, on trouve que la plus grande et la plus remarquable mer produite par l'ATLANTIQUE est la *Méditerranée*, située entre l'Europe, l'Afrique et l'Asie, et communiquant avec le reste de l'océan par le détroit de Gibraltar.

Elle comprend plusieurs autres mers, telles que l'*Adriatique*, l'*Archipel* et la mer *Noire*.

L'océan Atlantique forme encore, dans l'ancien continent, la mer *Baltique* et la mer du *Nord*, en Europe, et le golfe de *Guinée*, en Afrique. Sur la côte de l'Amérique, il forme la mer d'*Hudson*, le golfe du *Mexique* et la mer des *Antilles*.

Le GRAND OCÉAN comprend, au N., la mer de *Beering*, située entre l'Amérique et l'Asie. Il forme, à l'E., en Amérique, la mer *Vermeille* ou le golfe de *Californie*, et le golfe de *Panama*.

A l'O., sur la côte d'Asie, il renferme la mer d'*Okhotsk*, la mer du *Japon*, la mer *Jaune*, la mer de *Corée* et la mer de *Chine*.

L'OCÉAN INDIEN forme, au S. de l'Asie, le golfe du *Bengale*, la mer d'*Oman* et le golfe *Persique*.

Entre l'Afrique et l'Asie, il forme la mer *Rouge*, appelée aussi golfe *Arabique*.

L'OCÉAN GLACIAL ARCTIQUE comprend la mer *Blanche*, en Europe, et la mer *Polaire de Kane*, la mer de *Baffin*, le *Bassin de Melville*, en Amérique.

L'OCÉAN GLACIAL ANTARCTIQUE n'a pas de subdivisions connues.

La mer CASPIENNE, sur les limites de l'Europe et de l'Asie, est une mer isolée, ou un grand lac, qui ne communique avec aucune des autres mers du globe.

**Isthmes et détroits principaux.** — Les deux isthmes les plus importants du globe sont : l'*isthme de Suez*, qui, unissant l'Afrique à l'Asie, est resserré entre la Méditerranée et la mer Rouge ; ensuite l'*isthme de Panama*, qui unit l'Amérique septentrionale à l'Amérique méridionale, et se trouve resserré entre la mer des Antilles et le golfe de Panama. — Le détroit le plus remarquable du monde est le détroit de *Beering*, qui sépare l'ancien continent du nouveau, et qui unit le Grand océan à l'océan Glacial arctique. On distingue ensuite, parmi les plus importants, le détroit de *Gibraltar*, qui sépare l'Europe de l'Afrique ; le détroit de *Bab-el-Mandeb*, entre l'Asie et l'Afrique ; le détroit de *Malaka*, entre l'Asie et l'Océanie.

**Grandes îles du globe.** — Les plus grandes îles qui dépendent de l'Europe sont : au N. E., la *Nouvelle-Zemble*, qu'on rattache quelquefois à l'Asie ; au N. O., la *Grande-Bretagne* et l'*Irlande*; au S., la *Corse*, la *Sardaigne*, la *Sicile* et *Candie*.

On remarque sur la côte orientale de l'Asie les grandes îles du *Japon ;* au S., celle de *Ceylan* et la longue chaîne des *Maldives*.

*Madagascar*, au S. E. de l'Afrique, est la seule grande île de cette partie du monde.

Entre les deux Amériques, est l'archipel des *Antilles*, dont les principales îles sont *Cuba* et *Haïti*. Dans le N. E. de l'Amérique septentrionale, se trouvent beaucoup d'îles, dont les plus considérables sont les terres du *Groenland*, l'*Islande*, le *Spitzberg* et *Terre-Neuve*. Au N., on en remarque un plus grand nombre encore, enveloppées de glaces, dont plusieurs des plus importantes composent l'archipel *Parry*. Il y en a beaucoup aussi dans le N. O., où l'on distingue particulièrement la longue chaîne des îles *Aléoutiennes*. A l'extrémité de l'Amérique méridionale, se trouve l'archipel de la *Terre de Feu*.

Parmi les îles innombrables qui, avec le continent de l'Australie, composent l'Océanie, les plus considérables sont à l'O. et au S. : on remarque, entre autres, *Sumatra*, *Java*, *Bornéo*, *Célèbes*, la *Nouvelle-Guinée* et la *Nouvelle-Zélande*.

Des terres polaires australes très-peu connues, nommées *Clarie*, *Adélie*, *Victoria*, etc., forment peut-être un *continent antarctique*.

# CHAPITRE V.

### DESCRIPTION PHYSIQUE DE L'ASIE.

Limites, mers, golfes et détroits. — Presqu'îles et caps. — Étendue de l'Asie. — Iles. — Aspect général, montagnes, volcans. — Fleuves. — Lacs.

**Limites, mers, golfes et détroits.** — L'Asie occupe la partie orientale de l'ancien continent, et s'étend du 1er au 78e degré de latitude N.

Elle tient, vers l'O., à l'Europe et à l'Afrique par trois espaces de terre : le plus grand et le plus septentrional de ces espaces est le territoire des monts Ourals ; celui du milieu est l'isthme du Caucase, entre la mer Caspienne et la mer Noire ; le plus méridional est l'isthme de Suez, qui unit l'Asie à l'Afrique.

Partout ailleurs l'Asie est enveloppée par la mer :

Au N., elle est baignée par l'océan Glacial arctique ; à l'E., par le Grand océan ; au S., par l'océan Indien.

L'océan Glacial arctique forme en Asie les golfes de l'*Obi* et de l'*Iéniséi*.

Le Grand océan forme les mers de *Beering*, d'*Okhotsk*, du *Japon*, la mer *Jaune*, la mer de *Corée*, appelée aussi mer *Orientale* ou mer *Bleue*, et la mer de *Chine* ou mer *Méridionale*, qui forme les golfes de *Tonkin* et de *Siam*.

L'océan Indien forme le golfe du *Bengale*, la mer d'*Oman*, le golfe *Persique* et la mer *Rouge*, ou golfe *Arabique*.

L'océan Glacial communique avec la mer de Beering

par le détroit de *Beering*, resserré entre l'extrémité N. E. de l'Asie et l'extrémité N. O. de l'Amérique.

On passe de la mer de Chine dans le golfe du Bengale par le détroit de *Malaka*, resserré entre la presqu'île de Malaka et l'île de Sumatra.

Le golfe Persique est joint à l'océan Indien par le détroit d'*Ormus*.

La mer Rouge communique avec ce même océan par le détroit de *Bab-el-Mandeb*, resserré entre l'Arabie et l'Afrique.

La mer *Méditerranée*, l'*Archipel*, la mer de *Marmara*, la mer *Noire* et la mer *Caspienne* forment une assez grande partie de la limite de l'Asie, à l'O.

**Presqu'îles et caps**. — Les côtes de l'Asie sont assez irrégulières, et l'on y voit de grandes presqu'îles.

A l'O., est la presqu'île de l'*Asie Mineure*, située entre la Méditerranée et la mer Noire.

Au S. O., se trouve l'*Arabie*, qui s'avance entre la mer Rouge et le golfe Persique.

Au S., on voit deux grandes presqu'îles : 1° l'*Hindoustan* ou la *presqu'île occidentale de l'Inde*, entre la mer d'Oman et le golfe du Bengale ; — 2° l'*Indo-Chine*, ou la *presqu'île orientale de l'Inde*, qui comprend la presqu'île de *Malaka*, et qui est resserrée entre le golfe du Bengale et la mer de Chine.

A l'E., on remarque : 1° la presqu'île de *Corée*, située entre la mer Jaune, la mer de Corée et la mer du Japon ; 2° la presqu'île de *Kamtchatka*, entre la mer d'Okhotsk et la mer de Beering.

Le cap le plus boréal de l'Asie est le cap *Septentrional* ; — le cap le plus avancé à l'E. est le cap *Oriental*, sur le détroit de Beering ; — le plus méridional est le cap *Bourou*, à l'extrémité de la presqu'île de Malaka ; — le plus occidental est le cap *Baba*, dans l'Asie Mineure.

Les autres caps les plus remarquables de l'Asie sont : le cap de *Bab-el-Mandeb*, à l'extrémité S. O. de l'Arabie, sur le détroit du même nom, et le cap *Comorin*, à l'extrémité méridionale de l'Hindoustan.

**Étendue de l'Asie.** — L'Asie a 10 200 kilomètres de longueur, du N. E. au S. O., depuis le cap Oriental jusqu'au cap de Bab-el-Mandeb; elle a 8000 kilomètres depuis le cap Septentrional jusqu'au cap Bourou. Comme masse *continentale*, c'est la plus grande des parties du monde : elle comprend plus d'espace que l'Europe et l'Afrique réunies.

**Iles.** — On distingue, dans l'océan Glacial, les îles *Liakhov*, froides et désertes.

A l'E., on remarque les îles *Kouriles*, entre la mer d'Okhotsk et le Grand océan ; — les iles du *Japon*, situées entre la mer du Japon et le Grand océan, et comprenant *Nippon*, la plus grande île d'Asie, *Kiou-siou*, *Si-kok*, *Yéso*; l'ile *Sakhalien*; — l'île *Formose*, entre la mer de Corée et celle de Chine ; — l'ile de *Haï-nan*, dans la mer de Chine.

L'île de *Ceylan*, une des plus belles du monde, est à l'entrée du golfe du Bengale.

Dans la partie orientale du même golfe, on trouve les îles *Andaman* et *Nicobar*.

Au S. O. de l'Hindoustan, on voit les îles *Laquedives* et la longue chaîne des îles *Maldives*, environnées de récifs.

Dans la mer Méditerranée, on remarque l'ile de *Chypre*, près et au S. de l'Asie Mineure ; dans l'Archipel, les îles *Sporades*, dont la principale est *Rhodes*, et les îles de *Samos*, de *Khios* et de *Mételin*.

**Aspect général, montagnes et volcans.** — Le sol de l'Asie est très-élevé vers le centre : il y forme un plateau, qui renferme de grandes plaines désertes, et qui est entouré presque partout d'énormes montagnes : on remarque, parmi ces montagnes, les monts *Altaï*, au N., les monts *Célestes* et *Bolor*, à l'O., et les monts *Kouen-lun*, au S. — A quelque distance au S. du plateau, sont les monts *Himalaya*, les plus hautes montagnes de la Terre (8800 mètres d'altitude). — Entre le plateau central et le plateau de la Perse, est le *Caucase indien*.

Dans le S. de l'Hindoustan, sont les deux chaînes des *Ghattes occidentales* et des *Ghattes orientales*.

Dans le N. E. de l'Asie, on voit les monts *Iablonoï* ou *Stanovoï*.

Sur la limite N. O., s'étendent les monts *Ourals*. Dans l'O., on remarque les hautes montagnes du *Liban*, du *Taurus* et du *Caucase*, et les monts *Ararat* et *Sinaï*, si célèbres dans l'histoire de la religion.

Il y a de nombreux volcans sur la côte orientale de l'Asie, c'est-à-dire dans le Kamtchatka, les îles Kouriles, le Japon. Il y en a quelques-uns sur le plateau central.

Dans le N. de l'Asie, on rencontre presque partout des plaines froides et stériles.

Les pays du S., au contraire, sont très-chauds et très-féconds.

Au S. O., dans l'Arabie, il y a de grands déserts.

Vers l'extrémité occidentale, le sol est généralement fertile et le climat tempéré.

**Fleuves.** — L'Asie est partagée en six grandes divisions naturelles, dont deux sont des plateaux : le *plateau central* et le *plateau de la Perse*. Les quatre autres divisions sont : le *versant du N.* ou de l'*océan Glacial;* — le *versant de l'E.* ou du *Grand océan;* — le *versant du S.* ou de l'*océan Indien;* — le *versant de l'O.* ou des *mers intérieures*, c'est-à-dire des mers Méditerranée, Noire, Caspienne et d'Aral.

Voici les principaux fleuves de chaque versant.

### *Versant de l'océan Glacial.*

On voit, sur le versant de l'océan Glacial, l'*Ob* ou *Obi*, l'*Iéniseï* et la *Léna*.

### *Versant du Grand océan.*

L'*Amour* ou *Sakhalien-oula* a son embouchure en face de l'île de Sakhalien, dans une baie qui communique d'un côté avec la mer d'Okhotsk, et de l'autre avec la mer du Japon.

Le *Hoang-ho* ou *fleuve Jaune* se jette dans la mer Jaune.

Le *Kiang* ou *Yang-tse-kiang*, appelé aussi *fleuve Bleu*, tombe dans la mer Corée.

Le *Camboge* ou *Mè-kong* se jette dans la mer de Chine ; et le *Mè-nam*, dans le golfe de Siam, qui est formé par cette mer.

*Versant de l'océan Indien.*

Le *Salouen*, l'*Ava* ou *Iraouaddy*, le *Brahmapoutre* et le *Gange* se jettent dans le golfe du Bengale.

Le *Sind* ou *Indus* tombe dans la mer d'Oman.

Le *Tigre* et l'*Euphrate* forment, en se réunissant, le *Chot-el-Arab*, tributaire du golfe Persique.

*Versant des mers intérieures.*

Le *Kizil-Ermak* se rend dans la mer Noire.

L'*Oural* se jette dans la mer Caspienne.

Le *Djihoun* ou *Amou-déria* (anciennement *Oxus*) et le *Sihoun* se rendent dans la mer d'Aral.

**Lacs**. —Les plus grands lacs d'Asie sont la mer *Caspienne* et la mer d'*Aral*, placées sur le versant de l'O.

On remarque ensuite, sur le versant du N., le lac *Baïkal*, qui s'écoule dans l'Iéniseï.

Sur le versant de l'E., se trouvent les lacs *Po-yang* et *Toung-thing*, qui communiquent avec le Kiang.

Sur le versant du S., on voit le lac *Tengri* ou *Céleste*, et le grand marais de *Rin*, situé près de la mer d'Oman.

Au milieu du grand plateau central, on remarque le lac *Lob*, et, vers les limites de ce plateau, le lac *Bleu* ou *Khoukhou-noor*, à l'E., et le lac *Balkhach*, au N. O.

Sur le plateau de la Perse, est le lac *Hamoün*.

Sur d'autres plateaux beaucoup moins grands, renfermés entre les versants de l'O. et du S., on voit le lac d'*Ormiah* et le lac de *Van*.

Le lac *Asphaltite* ou la mer *Morte*, si célèbre dans l'histoire sainte, est dans un bassin profond qui ne communique avec aucune mer. Ce lac reçoit au N. le *Jourdain*.

---

# CHAPITRE VI.

### DESCRIPTION PHYSIQUE DE L'EUROPE.

Limites, mers, golfes, détroits. — Presqu'îles, isthmes, îles et caps.
— Étendue de l'Europe. — Aspect général, montagnes et volcans.
— Fleuves principaux. — Lacs.

**Limites, mers, golfes, détroits.** — L'Europe, placée dans le N. O. de l'ancien continent, est à l'O. de l'Asie et au N. de l'Afrique, et s'étend du 35<sup>e</sup> au 71<sup>e</sup> degré de latitude N. (sans la Nouvelle-Zemble).

Elle forme une grande presqu'île, qui tient au reste du continent par deux côtés : à l'E., par le territoire sur lequel se trouvent les monts *Ourals* et le fleuve *Oural*, et qui s'étend entre la mer Caspienne et l'océan Glacial arctique; au S. S. E., par l'isthme du mont *Caucase*, entre la mer Caspienne et la mer Noire.

Dans toutes les autres directions, l'Europe est entourée par la mer :

Au N., elle est baignée par l'océan *Glacial arctique;* à l'O., par l'océan *Atlantique;* au S., par la mer *Méditerranée.*

La mer *Caspienne* est, au S. E., une assez grande partie de sa limite.

L'océan Glacial arctique forme la mer de *Kara* et la mer *Blanche.*

L'océan Atlantique forme la mer *Baltique*, le *Cattégat*, la mer du *Nord*, la *Manche*, la mer d'*Irlande*, et la mer de *France*, appelée aussi golfe de *Gascogne* ou mer de *Biscaye.* — On remarque, dans la mer Baltique, les golfes de *Botnie*, de *Finlande* et de *Livonie.* — Dans la mer du Nord, est le golfe du *Zuider-zee.* — Au S. O. de la Grande-Bretagne, se trouve celui qu'on appelle *canal de Bristol.*

La mer Méditerranée comprend la mer *Tyrrhénienne,*

la mer *Adriatique*, la mer *Ionienne*, l'*Archipel*, la mer de *Marmara*, la mer *Noire* (anciennement Pont Euxin) et la mer d'*Azov*. — On distingue, dans la Méditerranée, les golfes du *Lion* et de *Gênes*; dans la mer Ionienne, les golfes de *Tarente* et de *Lépante;* et dans l'Archipel, le golfe de *Salonique*.

On passe de la mer Baltique dans la mer du Nord par les détroits du *Sund*, du *Grand Belt* et du *Petit Belt*, par le *Cattégat* et par le détroit du *Skager-Rack*.

On passe de la mer du Nord dans la Manche par le détroit qu'on nomme *Pas de Calais*.

La mer d'Irlande communique avec l'océan Atlantique par le canal du *Nord* et le canal *Saint-George*.

On entre de l'océan Atlantique dans la Méditerranée par le détroit de *Gibraltar*.

On passe de la mer Tyrrhénienne dans la mer Ionienne par le détroit nommé *Phare de Messine*, entre l'Italie et la Sicile.

On passe de la mer Adriatique dans la mer Ionienne par le canal d'*Otrante ;* — de l'Archipel dans la mer de Marmara, par le détroit des *Dardanelles* (anciennement *Hellespont*); — de la mer de Marmara dans la mer Noire, par le canal de *Constantinople* (anciennement *Bosphore de Thrace*); — et de la mer Noire dans la mer d'Azov, par le détroit d'*Iénikalé* ou de *Kertch* (anciennement *Bosphore Cimmérien*).

**Presqu'îles, isthmes, îles et caps.** — Les côtes de l'Europe sont très-irrégulières, et forment beaucoup de presqu'îles.

Au N., on remarque la péninsule *Scandinave* et la péninsule *Danoise*, qui s'avancent l'une en face de l'autre, à l'O. de la mer Baltique. La première est jointe au continent, vers le N. E., par l'isthme de *Laponie*. Le N. de la péninsule Danoise forme la presqu'île du *Jutland*.

A l'extrémité S. O. de l'Europe, est la péninsule *Hispanique*, qui tient à la France par l'isthme des *Pyrénées*.

Au S., on voit la péninsule d'*Italie*, qui a grossièrement la forme d'une botte, et qui se termine par les presqu'îles de *Calabre* et d'*Otrante*.

On trouve encore au S. la péninsule *Turco-Hellénique*, dont l'extrémité méridionale est la presqu'île de *Morée*, appelée anciennement *Péloponnèse*, et jointe au continent par l'isthme de *Corinthe*.

Au S. E., entre la mer d'Azov et la mer Noire, est renfermée la presqu'île de *Crimée*, jointe au continent par l'isthme de *Pérékop*.

Il y a en Europe un grand nombre d'îles :

Dans l'océan Glacial, on voit la *Nouvelle-Zemble*, qui est la terre la plus septentrionale de l'Europe; c'est un pays encore peu connu, très-froid et inhabité. On y remarque aussi les îles de *Vaïgatch* et de *Kalgouev*.

Sur la côte N. O. de la péninsule Scandinave, on rencontre les îles *Lofoden*.

Dans le N. O. de l'Europe, se trouve la *Grande-Bretagne*, qui est l'île la plus considérable de l'Europe. — Un peu à l'O. de cette île, est celle d'*Irlande*.

A côté de ces deux îles, sont les groupes des *Hébrides*; des *Orcades* et de *Shetland*, et les îles de *Man*, d'*Anglesey* et de *Wight*, qui composent, avec la Grande-Bretagne et l'Irlande, l'archipel des îles *Britanniques*.

Plus loin, vers le N. O., on voit les îles *Færœer*, et enfin l'*Islande*, grande île très-froide, plus voisine de l'Amérique que de l'Europe.

Entre le Cattégat et la mer Baltique, se trouvent les îles *Danoises*, dont les principales sont *Seeland* et *Fionie*.

Dans la mer Baltique, sont les îles suédoises d'*Œland* et de *Gottland*, et les îles russes d'*Aland*, de *Dago* et d'*Œsel*.

Dans la Méditerranée, on remarque, à l'E. de la péninsule Hispanique, les îles *Baléares*, dont les trois plus grandes sont *Majorque*, *Minorque* et *Ivice*.

Près de l'Italie, sont les grandes îles de *Sicile*, de *Sardaigne* et de *Corse*, les îles *Lipari*, l'île d'*Elbe* et celle de *Malte*.

Dans la partie orientale de la mer Adriatique est l'archipel *Dalmate-Illyrien.*

Près et à l'O. de la péninsule Turco-Hellénique, on remarque les îles *Ioniennes,* dont les principales sont *Corfou* et *Céphalonie.* A l'E. de la même péninsule, on trouve un très-grand nombre d'îles, dont les plus importantes sont *Négrepont* et les *Cyclades ;* au S. E., est *Candie* (anciennement *Crète*), la terre la plus méridionale de l'Europe.

Le cap le plus septentrional de l'Europe continentale est le cap *Nordkyn,* dans la péninsule Scandinave ; mais plus au N. encore, dans une des îles Lofoden, on voit le cap *Nord.*

A l'extrémité S. O. de la Grande-Bretagne, est le cap *Land's End* ou *Finisterre ;* à l'extrémité occidentale de la France, le cap *Saint-Matthieu* ou du *Finisterre.*

A l'extrémité N. O. de la péninsule Hispanique, on voit le cap nommé aussi *Finisterre ;* vers son extrémité S. O., est le cap *Saint-Vincent.*

A l'extrémité S. de la Morée et de toute l'Europe, se trouve le cap *Matapan.*

**Étendue de l'Europe.** — L'Europe a environ 5300 kilomètres de longueur, du N. E. au S. O., depuis l'embouchure de la rivière Kara dans la mer du même nom, jusqu'au cap Saint-Vincent ; elle a 4000 kilomètres de largeur, du cap Nord au cap Matapan.

**Aspect général et montagnes.** — L'Europe est froide et peu fertile au N. ; ailleurs elle est presque partout riche en végétaux utiles. — Il fait chaud dans le midi. — Le milieu est tempéré.

La seule grande chaîne de montagnes du N. de l'Europe est celle des monts *Dofrines* ou des *Alpes Scandinaves,* dans la péninsule Scandinave. — Au N. O., sont les monts *Grampiens,* dans le N. de la Grande-Bretagne.

La partie du milieu qui avoisine le N. comprend de

grandes plaines, surtout vers la mer du Nord et la mer Baltique. L'E. est aussi généralement plat.

La partie du milieu qui avoisine le S. est couverte de hautes montagnes, dont les principales sont les *Carpathes*, les *Alpes* (où se trouve le mont *Blanc*, le plus haut point de l'intérieur de l'Europe), le *Jura*, les *Vosges* et les *Cévennes*.

Dans le S., il y a d'autres grandes chaînes de montagnes : le *Balkan*, les monts *Helléniques*, les *Apennins*, les *Pyrénées*, les monts *Ibériques*, qui se terminent au S. par la *Sierra Nevada*.

Sur les frontières de l'Europe, sont, à l'est, les monts *Ourals*, et, au sud-est, le *Caucase*, qui surpasse en hauteur toutes les chaînes précédentes.

Les principaux volcans de l'Europe sont l'*Etna*, en Sicile, et le *Vésuve*, dans la péninsule Italique.

**Fleuves principaux.** — L'Europe est divisée en deux versants : celui du N. et du N. O., incliné vers l'océan Glacial et l'océan Atlantique; — et celui du S. et du S. E., incliné vers la mer Méditerranée et la mer Caspienne.

Ces deux versants sont séparés l'un de l'autre par une longue arête qui s'étend du N. E. au S. O., depuis les monts Ourals jusqu'au détroit de Gibraltar, en passant par les monts Carpathes, les Alpes, les Cévennes et les Pyrénées. — Voici les fleuves de chacun de ces versants :

*Fleuves du versant de l'océan Glacial et de l'océan Atlantique.*

La *Petchora* se jette immédiatement dans l'océan Glacial.

La *Dvina septentrionale* tombe dans la mer Blanche.

Le *Torneå*[1], le *Luleå*, célèbre par une magnifique cataracte, et le *Dal-elf*, se jettent dans le golfe de Botnie.

---

1. Cette lettre *å*, qui appartient à la langue suédoise, se prononce comme un *o* bref.

La *Néva* se jette dans le golfe de Finlande ; — la *Dvina méridionale*, dans le golfe de Riga ou de Livonie.

Trois fleuves se rendent dans la mer Baltique, vers le S. : ce sont le *Niémen*, la *Vistule* et l'*Oder*.

L'*Elbe* et le *Weser* se jettent dans la mer du Nord par de larges embouchures.

Le *Rhin*, qui se rend aussi dans cette mer, a un cours beaucoup plus long que les fleuves précédents ; il se divise, dans sa partie inférieure, en plusieurs bras, dont quelques-uns se jettent dans le Zuider-zee. Ce grand fleuve a pour affluents principaux le *Main* et la *Moselle*.

La *Meuse* reçoit quelques branches du Rhin, et tombe dans la mer du Nord par plusieurs embouchures.

L'*Escaut* a deux embouchures très-larges près de celle de la Meuse.

La *Tamise*, l'*Humber* et le *Forth*, dans la Grande-Bretagne, sont d'autres tributaires de la mer du Nord.

La *Saverne* ou *Severn*, dans la Grande-Bretagne, se jette dans l'océan par le canal de Bristol.

La *Seine* est le seul fleuve qui se jette dans la Manche.

La *Loire* et la *Gironde*, formée par la *Dordogne* et la *Garonne*, sont les principaux tributaires de la mer de France.

Le *Shannon*, dans l'Irlande, et le *Minho*, le *Douro* ou *Duero*, le *Tage*, la *Guadiana*, le *Guadalquivir*, dans la péninsule Hispanique, sont les fleuves principaux qui vont se jeter directement dans l'océan Atlantique.


*Fleuves du versant de la mer Méditerranée et de la mer Caspienne.*

L'*Èbre* coule dans la péninsule Hispanique, et se rend directement dans la Méditerranée.

Le *Rhône* se jette dans le golfe du Lion.

L'*Arno* arrose l'Italie, et tombe directement dans la Méditerranée.

Le *Tibre* ou *Tevere*, en Italie, se jette dans la mer Tyrrhénienne.

Le *Pô* et l'*Adige* se jettent dans la partie N. O. de la mer Adriatique.

La *Maritza* est le seul tributaire remarquable de l'Archipel.

Le *Danube* se jette dans la mer Noire par plusieurs embouchures, après un cours de 3000 kilomètres. Il reçoit l'*Inn*, la *Theiss* et la *Save*.

Le *Dniestr* et le *Dniepr* se jettent aussi dans la mer Noire.

La mer d'Azov, qui n'est qu'une espèce de golfe de la mer Noire, reçoit le *Don*.

Le *Volga* se jette dans la mer Caspienne par beaucoup d'embouchures. Ce fleuve, le plus grand de l'Europe, a un cours de 3500 kilomètres.

L'*Oural* ou *Iaïk*, qui forme une partie de la limite entre l'Europe et l'Asie, se rend dans la même mer.

**Lacs.** — Le lac *Ladoga* verse ses eaux dans le golfe de Finlande par la Néva.

Les lacs *Onéga* et *Ilmen* versent les leurs dans le lac Ladoga.

Le lac *Peïpous* s'écoule directement dans le golfe de Finlande.

Les lacs *Mælar* et *Vetter*, dans la péninsule Scandinave, communiquent avec la mer Baltique.

Le lac *Vener*, dans la même péninsule, s'écoule dans le Cattégat.

Le lac de *Constance* est formé par le Rhin, et les lacs de *Zürich*, de *Lucerne* et de *Neuchâtel* versent leurs eaux dans le même fleuve.

Le lac de *Genève* est formé par le Rhône.

Le lac *Majeur* et les lacs de *Côme* et de *Garde* s'écoulent dans le Pô.

Le lac *Balaton*, au centre de l'Europe, verse ses eaux dans le Danube.

# CHAPITRE VII.

### DESCRIPTION PHYSIQUE DE L'AFRIQUE.

Limites, mers, golfes et détroits. — Caps et étendue de l'Afrique. — Aspect général, montagnes et climat. — Fleuves. — Lacs. — Iles du voisinage de l'Afrique.

**Limites, mers, golfes et détroits.** — L'Afrique occupe le S. O. de l'ancien continent, et s'étend entre le 37ᵉ degré de latitude N. et le 35ᵉ degré de latitude S. C'est une grande presqu'île, qui est jointe à l'Asie, vers le N. E,, par l'isthme de *Suez*, et qui est entourée par la mer de tous les autres côtés.

Au N., la mer *Méditerranée* et le détroit de *Gibraltar* la séparent de l'Europe.

L'*océan Atlantique* la baigne à l'O.

Au S. E. et à l'E., se trouve l'*océan Indien;* cet océan forme le détroit de *Bab-el-Mandeb* et la mer *Rouge*, qui sont resserrés entre l'Afrique et l'Arabie; il forme aussi le canal de *Mozambique*, qui sépare du continent la grande île de Madagascar.

Les côtes africaines sont généralement uniformes, et n'offrent pas de grandes découpures, comme celles de l'Europe et de l'Asie. Cependant la Méditerranée y forme un grand enfoncement, partagé en deux golfes nommés golfe de *la Sidre* et golfe de *Cabès* (la *Grande Syrte* et la *Petite Syrte* des anciens); — l'océan Atlantique forme le golfe de *Guinée*, qui comprend ceux de *Bénin* et de *Biafra*.

**Caps et étendue de l'Afrique.** — Cette grande péninsule a quatre caps principaux vers les quatre points cardinaux; ce sont : le cap *Blanc*, au N.; le cap des *Aiguilles*, au S.; le cap *Vert*, à l'O.; et le cap *Guardafui*, à l'E.

Il faut aussi remarquer, au N., le cap *Bon*, assez près du cap Blanc; à l'O., un autre cap *Blanc*, un peu au N. du cap Vert; au S., le cap de *Bonne-Espérance*, voisin du cap des Aiguilles.

L'Afrique a 8000 kilomètres de longueur, du N. au S., et 7500 kilomètres dans sa plus grande largeur, de l'E. à l'O. Elle est environ trois fois aussi grande que l'Europe.

**Aspect général, montagnes et climat.** — L'Afrique est la plus chaude des cinq parties du monde. Les côtes sont presque partout très-fertiles; mais l'intérieur, encore peu connu généralement, a de grands déserts sablonneux et arides : on y remarque surtout le Sahara, le plus vaste désert du globe; cependant on rencontre çà et là d'agréables oasis au milieu de ces régions stériles, et il se trouve aussi, vers le centre, de grandes contrées tout entières qui sont belles et fécondes.

Une des plus hautes chaînes de montagnes de l'Afrique est l'*Atlas*, au N. O.

Dans la partie orientale, on trouve les montagnes de *Sémen;* — on croit que les montagnes de la *Lune*, mentionnées par d'anciens géographes comme de hautes montagnes situées vers le centre de l'Afrique, sont un peu au S. de l'équateur; — on a découvert récemment, aussi un peu au S. de l'équateur, les monts *Kénia* et *Ki-limandjaro;* — à l'O., sont les montagnes de *Kong*.

Au S. E., on remarque les monts *Lupata;* — et, au S., les montagnes de *Neige* ou *Sneeuwberg*.

Les côtes d'Afrique sont généralement fort malsaines, excepté le long de la Méditerranée et vers l'extrémité méridionale. Dans toute la région renfermée entre les tropiques, les pluies sont périodiques, c'est-à-dire reviennent à des époques fixes : elles tombent abondamment durant plusieurs mois; ensuite il se passe longtemps sans qu'il tombe une goutte d'eau. Ainsi l'année de ces contrées ne se divise qu'en deux saisons : celle des pluies, et celle de la sécheresse.

**Fleuves.** — Vers le N., l'Afrique envoie ses eaux dans la Méditerranée ; — vers l'O., dans l'océan Atlantique ; — vers l'E., dans l'océan Indien.

Il existe, au centre de cette partie du monde, un grand bassin au milieu duquel est le lac *Tchad*, et qui ne paraît verser ses eaux dans aucune mer. — Il y a encore un autre grand bassin intérieur, celui des lacs *Oukéréoué*, *Tanganyika* et *Nyassi;* mais on ignore s'il est sans écoulement ou s'il en sort quelque fleuve.

L'Afrique est donc partagée en cinq grandes divisions naturelles : trois versants, et deux bassins intérieurs.

Le plus grand des fleuves qui se rendent dans la Méditerranée est le *Nil*, formé par la jonction du *Nil Blanc* et du *Nil Bleu*.

Le Nil Blanc est la plus considérable de ces deux branches, et on le considère comme le vrai Nil supérieur : on n'en connaît pas encore les sources ; quelques voyageurs croient qu'il sort du lac Oukéréoué.

Le Nil se jette dans la mer par deux branches principales, celles de *Damiette* et de *Rosette*, entre lesquelles est renfermé le fameux *Delta*.

Les principaux fleuves tributaires de l'océan Atlantique sont le *Sénégal*, la *Gambie*, le *Diali-ba*, *Kouara* ou *Niger*, qui reçoit la *Bénoué* ou *Tchadda* et se jette dans le golfe de Guinée par beaucoup de branches ; le *Zaïre* ou *Coango*, la *Coanza* et le fleuve *Orange* ou *Gariep*.

Les fleuves qui coulent du côté de l'océan Indien sont peu connus ; on y remarque particulièrement le *Zambèze*, qui se jette dans le canal de Mozambique.


**Lacs.** — Le lac *Tchad*, au centre, est le plus grand des lacs connus de l'Afrique au N. de l'équateur. Au S. de l'équateur, sont les lacs *Oukéréoué* ou *Nyanza-Victoria*, *Tanganyika* ou *Oujiji*, et *Nyassi*.

On remarque, au N., le lac *Melghigh*, près et au S. du mont Atlas. — A l'E., se trouve le lac *Dembéa* ou *Tana*, formé par le Nil Bleu. — A l'O., est le lac *Dibbie*, formé par le Diali-ba.

Dans la partie méridionale, on trouve le lac *N'gami*.

**Iles du voisinage de l'Afrique.** — Il y a autour de l'Afrique un assez grand nombre d'îles, les unes dans l'océan Atlantique, les autres dans l'océan Indien.

### *Iles situées dans l'océan Atlantique.*

Les îles *Açores*, à peu près aussi éloignées de l'Europe que de l'Afrique, sont belles et riches en excellents fruits, surtout en oranges : mais elles éprouvent souvent des tremblements de terre. Une des principales est *Tercère*.

Les îles *Madère* sont beaucoup plus près de l'Afrique. La principale, nommée également *Madère*, est fertile en vins renommés.

Les *Canaries* sont la plupart très-belles ; la plus considérable est *Ténériffe*, célèbre par une haute montagne, qu'on appelle *Pic de Ténériffe ;* la seconde est la *Grande Canarie ;* la plus occidentale est l'île de *Fer*.

L'île de *Gorée* est près et au S. du cap *Vert*.

Les îles du *Cap-Vert*, en face du cap dont elles portent le nom, sont pierreuses et malsaines.

L'*Ascension*, où l'on trouve les plus grosses tortues du monde, et *Sainte-Hélène*, célèbre par l'exil et la mort de Napoléon I<sup>er</sup>, se rencontrent ensuite très-loin de la côte.

*Fernan-do-Po*, l'île du *Prince* et *Saint-Thomas* sont dans le golfe de Guinée.

*Annobon* est un peu plus au sud.

Les îles *Tristan da Cunha* sont les plus méridionales des îles africaines de l'océan Atlantique.

### *Iles situées dans l'océan Indien.*

*Madagascar* ou *Malgache* est une des plus grandes et des plus belles îles de la Terre. Les habitants s'appellent *Madécasses* ou *Malgaches*.

L'île de la *Réunion* (ci-devant *Bourbon*), très-fertile, surtout en café ; l'île *Maurice* (ci-devant *île de France*), qui est aussi une très-belle région, et *Rodrigue*, île beaucoup moins importante, sont désignées sous le nom général d'îles *Mascareignes*.

Dans le nord du canal de Mozambique, sont les îles *Comores*, dont l'une des principales est *Mayotte*.

Les îles *Séchelles*, fort nombreuses et entourées d'écueils, se trouvent au N. E. de Madagascar.

L'île de *Zanzibar* et l'île de *Mombas* ou *Mombaza* sont très-près de la côte orientale de l'Afrique.

L'île de *Socotora*, célèbre par son aloès et son corail, est située à l'E. du cap Guardafui.

L'île de la *Désolation* ou la *Terre de Kerguelen*, placée bien loin au S. E. de l'Afrique, est composée entièrement de rochers arides.

---

# CHAPITRE VIII.

### DESCRIPTION PHYSIQUE DE L'AMÉRIQUE.

Découverte, limites, forme, mer, golfes et détroits. — Presqu'îles, caps et îles. — Aspect général, montagnes et climat. — Fleuves. — Lacs.

**Découverte, limites, forme, mers, golfes et détroits.** — Les parties boréales de l'Amérique furent découvertes au IXe et au Xe siècle par les Danois, qui appelèrent *Groenland* et *Vinland* les contrées où ils abordèrent. Les parties équinoxiales et les plus riches le furent en 1492, par Christophe Colomb; cependant cette partie du monde a pris le nom d'un voyageur florentin, Améric Vespuce, qui ne la vit qu'en 1497 [1].

**Golfes et détroits.** — L'Amérique s'allonge du N. au S., l'espace de plus de 15 000 kilomètres, entre l'Atlantique, à l'E., et le Grand océan, à l'O., et se termine au S.

---

1. Plusieurs historiens disent 1499.

par une longue pointe, à l'extrémité de laquelle est le
cap Horn. Au N., elle est baignée par l'océan Glacial, où
se trouvent plusieurs terres encore très-imparfaitement
explorées. L'Amérique s'arrête vers le S. à 66° de latitude méridionale, et l'on s'y est avancé au nord jusque
vers 82° 30' de latitude septentrionale; elle est comprise
entre 20° et 171° de longitude ouest.

*Avec ses îles*, l'Amérique forme la plus grande partie
du monde; elle se rétrécit beaucoup vers le milieu, où sa
partie la plus étroite n'a que 45 kilomètres de largeur et
porte le nom d'isthme de *Panama*. Ce qui se trouve au N.
de cet isthme est l'*Amérique septentrionale*; ce qui est
au S. forme l'*Amérique méridionale*. A l'E., s'étend le
vaste archipel des *Antilles*, qui constitue une division dis-
tincte des deux Amériques.

Les côtes de l'Amérique septentrionale sont très-irrégulières, comme celles de l'Europe et de l'Asie; mais
celles de l'Amérique méridionale sont presque partout
uniformes, comme les côtes d'Afrique.

On voit pénétrer dans les terres de l'Amérique septentrionale, vers le N. et le N. E., du côté de l'océan Glacial
et de l'Atlantique, la mer de *Baffin*, le détroit de *Smith*,
le détroit de *Kennedy*, la mer *Polaire de Kane* ou la mer
*Polynia*, le détroit de *Davis*, la mer d'*Hudson*, le détroit
de *Lancastre*, le détroit de *Barrow*, le canal de *Welling-
ton*, le détroit de *Jones*, le bassin de *Melville*, le détroit
de *Banks* (qui est le *passage nord-ouest*, découvert par le
capitaine Mac-Clure en 1853); — sur la côte orientale,
est le golfe *Saint-Laurent;* — entre les deux Amériques,
s'ouvre un vaste enfoncement, qui s'appelle, au N., *golfe
du Mexique*, et, au S., *mer des Antilles*.

Du côté du Grand océan, on voit le golfe de *Panama*, à
l'opposé de la mer des Antilles; le long golfe de *Californie*, appelé aussi mer *Vermeille* ou *de Cortez*, et, beaucoup plus loin vers le N., la mer de *Beering*, au N. de laquelle est le détroit du même nom, placé entre la pointe
N. O. de l'Amérique et la pointe N. E. de l'Asie.

Dans l'Amérique méridionale, les seuls enfoncements

dignes de remarque sont les golfes de *Guayaquil* et de *Guaiteca*, sur la côte occidentale. On voit au S. le détroit de *Magellan*, qui sépare la *Terre de Feu* du continent.

**Presqu'îles, caps et îles.** — Il y a dans l'Amérique septentrionale un grand nombre de presqu'îles.

On remarque, à l'E., le *Labrador*, la *Nouvelle-Écosse* ou *Acadie*, la *Floride* et le *Yucatan*.

A l'O., on voit la presqu'île de *Californie* et celle d'*Alaska*, qui sont toutes deux très-longues et fort étroites.

Le cap le plus oriental de la partie continentale de l'Amérique du nord est le cap *Charles*, dans le Labrador, et le plus avancé vers l'O. est le cap *Occidental*, sur le détroit de Beering. Le cap *Farewell* est à l'extrémité S. du Groenland.

L'Amérique méridionale a, comme l'Afrique, quatre caps célèbres vers les quatre points cardinaux : au N., est le cap *Gallinas;* à l'E., le cap *Saint-Roch;* à l'O., le cap *Blanc;* au S., le cap *Horn.*

Mais ce dernier cap n'est pas sur le continent; il appartient à l'archipel de la *Terre de Feu;* l'extrémité continentale de l'Amérique vers le S. est réellement le cap *Froward*, sur le détroit de Magellan.

Le grand archipel des *Antilles*, près de la partie moyenne de l'Amérique, forme une longue chaîne sinueuse depuis la Floride jusqu'à la côte septentrionale de l'Amérique du sud. Il comprend les îles *Lucayes* ou *Bahama, Cuba, Haïti, Porto-Rico,* la *Guadeloupe,* la *Martinique,* etc.

Plus au N., se rencontrent, dans l'Atlantique, les *Bermudes, Terre-Neuve* et le banc du même nom, célèbre par la pêche de la morue; l'île *Royale* ou de *Cap-Breton*, l'île *Saint-Jean* ou du *Prince Édouard.*

Beaucoup plus au N. encore, on voit enveloppées par les eaux confondues de l'Atlantique et de l'océan Glacial, les terres du *Groenland*, dont on ne connaît pas les limites au N., et l'*Islande*, qu'on rattache quelquefois, à tort, à l'Europe.

Les îles de *Jean Mayen* et du *Spitzberg* se trouvent à

l'E. du Groenland, dans l'océan Glacial, tandis qu'à l'O. de cette grande terre s'étend un dédale d'îles et de presqu'îles encore très-peu connues, qui forme au loin, vers le N., le prolongement de l'Amérique septentrionale. Ce sont les presqu'îles *Melville* et *Boothia*, les terres de *Baffin* et de *Cumberland*, l'île *Southampton*, l'île *Cockburn*, l'île du *Somerset septentrional;* la *Terre du Prince de Galles*, la *Terre Victoria*, la *Terre Wollaston*, la *Terre du Prince Albert;* la *Terre de Banks*, jointe à l'île de *Baring;* — l'archipel *Parry*, qui se compose de l'île *Cornwallis*, du *Devon septentrional*, de l'île *Melville*, de l'île du *Prince Patrick;* — le *Cornouailles, septentrional*, les deux *Terres Grinnell*, l'île *Ellesmere*.

A l'E. de l'Amérique méridionale, on voit peu d'îles : les seules remarquables sont les îles *Malouines* ou *Falkland*.

A l'O. de l'Amérique septentrionale, on trouve, dans le Grand océan, la longue chaîne des îles *Aléoutiennes*, qui semble unir la presqu'île d'Alaska à celle du Kamtchatka; l'archipel du *Roi George III*, l'île de la *Reine Charlotte*, l'île *Nootka* ou *Quadra-et-Vancouver*.

A l'O. de l'Amérique méridionale, on remarque les îles *Galapagos* ou des *Tortues*, les îles *Juan Fernandez*, et, tout près du continent, la grande île de *Chiloé*, et l'archipel de la *Mère de Dieu*.

Enfin, loin au S. de la Terre de Feu, dans l'océan Glacial antarctique, se présentent les îles glacées qu'on appelle *Nouveau-Shetland méridional, Orcades méridionales, Terre de Graham, Terre de Louis-Philippe, Terre de Joinville*, etc.

**Aspect général, montagnes et climat.** — L'Amérique a de très-grandes chaînes de montagnes : la principale est celle qui parcourt le continent dans toute sa longueur; elle porte le nom de monts *Rocheux*, au N.; ceux de *Cordillère du Mexique* et de *Cordillère de l'Amérique centrale* au milieu, et celui de *Cordillère des Andes*, au S. Ce sont les Andes qui sont les plus élevées; leur point le plus haut est le *Chimborazo;* elles ont de nombreux volcans, dont le plus redoutable est le *Cotopaxi*. — On remarque, en outre, la *Sierra Nevada*, où se trouvent les plus riches mines d'or de la Californie, sur la côte occidentale de l'Amérique du nord ; — et les monts *Alleghany* ou *Apalaches*, dans la partie orientale de la même Amérique.

Il y a en Amérique beaucoup de grands fleuves et une infinité de lacs ; on y voit aussi d'épaisses forêts et des prairies très-étendues.

Le climat est extrêmement froid au N. ; il est froid aussi vers la partie la plus méridionale, mais fort chaud dans les régions du milieu qui sont dans la zone torride ; ces régions éprouvent des pluies périodiques semblables à celles de l'Afrique, et sont d'une fertilité prodigieuse.

**Fleuves.** — L'Amérique est divisée en deux versants : l'un occidental, incliné vers le Grand océan, et l'autre oriental, incliné vers l'océan Glacial et l'océan Atlantique. Voici les fleuves principaux de chacun de ces versants :

*Amérique septentrionale.*

L'Amérique n'envoie que deux fleuves un peu considérables au Grand océan, et tous les deux se trouvent dans l'Amérique septentrionale. L'un est le *Columbia* ou *Orégon*, et l'autre est le *Rio Colorado*, qui se jette dans le golfe de Californie. Il faut aussi remarquer le *Sacramento*, célèbre par les mines d'or qui se trouvent vers ses bords.

Beaucoup de fleuves tombent dans l'océan Glacial et l'océan Atlantique, ou dans les mers qu'ils forment.

Le *Mackenzie*, le fleuve de la *Mine de cuivre* et le *Back* se rendent dans la mer Polaire.

Le *Mississipi* ou *Churchill* se jette dans la mer d'Hudson.

Le *Saint-Laurent* se rend, par une large embouchure, dans l'océan Atlantique.

L'*Hudson* coule à l'E. des monts Alleghany, et se jette dans l'océan Atlantique.

Le *Mississipi* est un fleuve long de 4500 kilomètres, qui va dans le golfe du Mexique. Il reçoit le *Missouri*, qui a 5000 kilomètres de cours; un autre affluent, très-important, est l'*Ohio*.

Le *Rio Grande del Norte* se jette aussi dans le golfe du Mexique.

### *Amérique méridionale.*

La *Madeleine* se jette dans la mer des Antilles.

L'océan Atlantique reçoit : l'*Orénoque;* — l'*Esséquébo;* — le fleuve des *Amazones*, appelé simplement aussi l'*Amazone*, quelquefois *Marañon*, et qui se grossit de la *Madeira;* — le *Tocantins;* — le *Saint-François* ou *San-Francisco;* — le *Rio de la Plata*, fleuve très-large, mais peu long, qui est formé par la réunion du *Parana* et de l'*Uruguay;* le Parana se grossit lui-même du *Paraguay*.

Le principal de tous ces fleuves de l'Amérique méridionale est l'Amazone, qui a environ 4500 kilomètres de longueur; c'est le fleuve le plus large du globe.

**Lacs.** — L'Amérique est la partie du monde où l'on trouve le plus de lacs. Il y en a surtout beaucoup à l'O. et au S. de la mer d'Hudson. Voici les principaux :

### *Amérique septentrionale.*

Le lac des *Montagnes*, le lac de l'*Esclave* et celui du *Grand-Ours* s'écoulent dans l'océan Glacial par le Mackenzie.

Le lac *Ouinipeg* verse ses eaux dans la mer d'Hudson.

Le fleuve Saint-Laurent sert d'écoulement aux cinq grands lacs *Ontario*, *Érié*, *Huron*, *Michigan* et *Supérieur*. Ce dernier est le plus grand des lacs d'Amérique. Le lac Érié se verse dans le lac Ontario par la rivière Niagara, qui forme une des plus belles cataractes du globe.

Dans cette partie étroite de l'Amérique qui est resserrée entre la mer des Antilles et le Grand océan, on voit le lac de *Nicaragua;* il s'écoule dans la mer des Antilles par la rivière *San-Juan*, et l'on a le projet de le faire communiquer au Grand océan par un canal.

*Amérique méridionale.*

Le lac de *Maracaybo* est joint à la mer des Antilles par un assez large détroit.

Le lac *dos Patos* ou *des Oies*, sur la côte S. E. de l'Amérique méridionale, est très-près de l'Atlantique.

Le lac *Titicaca* ou *Chucuyto*, à l'O., est sur un plateau des Andes.

---

# CHAPITRE IX.

### DESCRIPTION PHYSIQUE DE L'OCÉANIE.

Situation, étendue. — Grandes divisions et principales terres.

**Situation, étendue.** — L'Océanie, appelée aussi le *Monde maritime,* est située au S. E. de l'Asie et à l'O. de l'Amérique ; elle se compose du continent de l'Australie et d'une infinité d'îles.

Toutes ces terres sont répandues dans le Grand océan, ou entre cet océan et l'océan Indien.

Le Grand océan, en pénétrant entre les principales de ces terres, forme les mers de *Mindoro*, des *Moluques*, de *Célèbes*, de *Java*, du *Corail*.

C'est la partie du monde qui embrasse le plus grand espace ; mais une portion considérable de cet espace est occupée par la mer ; les terres seules de l'Océanie ne forment pas une étendue beaucoup plus grande que l'Europe.

**Grandes divisions et principales terres.** — On partage l'Océanie en cinq divisions : la *Malaisie*, à l'O. : — la *Mélanésie*, au S. ; — la *Micronésie*, au N. ; — la *Polynésie*, à l'E., — et les *Terres antarctiques*, au S.

La **Malaisie** est ainsi appelée des Malais, qui en forment la population principale ; elle se nomme quelquefois aussi *Archipel Asiatique* ou *Archipel Indien*. L'équateur la traverse vers le milieu.

On y remarque cinq parties principales, qui sont les îles de la *Sonde*, l'île de *Bornéo*, l'île de *Célèbes*, les îles *Moluques* et les îles *Philippines*.

Les îles de la *Sonde* forment une longue chaîne dirigée du N. O. au S. E., et qui semble faire la continuation de l'Indo-Chine. Elle est parcourue dans toute son étendue par une suite de hautes montagnes, dont plusieurs sont des volcans actifs. Une très-belle végétation les couvre. Les plus importantes sont *Sumatra*, *Java* et *Timor*.

*Bornéo*, traversée par l'équateur, et presque circulaire, est la plus grande île de la Malaisie, et l'une des plus grandes du monde.

L'île de Célèbes, à l'E. de Bornéo, est remarquable par sa forme très-irrégulière et par sa magnifique végétation.

Les *Moluques* ou *îles aux Épices* produisent en abondance les clous de girofle et les muscades. Les principales de ces îles sont *Gilolo*, *Céram* et *Amboine*.

Les *Philippines* forment la partie la plus septentrionale de la Malaisie. C'est un bel archipel, dont les plus grandes îles sont *Luçon* et *Mindanao*.

Le nom de **Mélanésie** indique que la population est composée de *nègres*.

La terre principale de cette partie de l'Océanie est l'**Australie** ou la **Nouvelle-Hollande**. C'est un continent long d'environ 4500 kilomètres, et large de 2000 kilomètres ; son étendue peut être comparée aux trois quarts de l'Europe.

Il y a sur la côte septentrionale le golfe considérable de *Carpentarie*.

Le cap *York* est le point le plus septentrional de la Nouvelle-Hollande, et le cap *Wilson*, le point le plus méridional. On remarque, à l'E. et au S. E., les montagnes *Bleues* et les *Alpes Australiennes,* qui sont très-riches en mines d'or; au S., le fleuve *Murray* et le lac *Torrens.*

Une grande partie de l'intérieur du pays est encore inconnue ; la région la mieux connue est à l'E.

L'Australie a un aspect un peu triste, mais le climat y est salubre et tempéré. On y élève de très-nombreux moutons, qui donnent la plus belle laine.

Au S. E. de l'Australie, est la grande île de *Tasmanie* ou île *Diémen,* et où les Anglais ont aussi fondé une colonie.

La *Nouvelle-Guinée* ou *Terre des Papous* est une très-belle et très-grande île, située au N. de l'Australie, dont elle est séparée par le détroit de *Torres.* Elle se termine au S. E. par la *Louisiade,* qui se compose d'une longue presqu'île, accompagnée d'îles.

Près et à l'E. de la Nouvelle-Guinée, est l'archipel de la *Nouvelle-Bretagne.*

Dans la partie la plus orientale de la Mélanésie, on trouve les îles *Salomon,* l'archipel de *La Pérouse* ou de *Santa-Cruz,* les *Nouvelles-Hébrides* ou l'archipel du *Saint-Esprit,* qu'on appelle aussi *Grandes-Cyclades;* la *Nouvelle-Calédonie,* et les îles *Viti* ou *Fidji,* riches en bois de sandal.

Toutes les terres de la Mélanésie sont environnées de récifs dangereux, formés de corail.

Le nom de MICRONÉSIE signifie *petites îles.*
Cette division comprend cinq archipels principaux.
Au N., on voit l'archipel *Magellan.*
Au milieu, les îles *Mariannes* ou des *Larrons* forment une longue chaîne alignée du N. au S.
Au S., on trouve les îles *Palaos* et les îles *Carolines,* qui sont extrêmement nombreuses.
A l'E., on remarque l'archipel *Marshall,* qui comprend la chaîne de *Ralick* et la chaîne de *Radack* (où se trouve le groupe *Mulgrave*). — On y voit aussi l'archipel *Gilbert.*

Le nom de POLYNÉSIE veut dire *beaucoup d'îles.*

Cette division est traversée par la ligne équinoxiale. Elle ne renferme qu'un seul archipel au N. de cette ligne; c'est l'archipel des îles *Sandwich*, dont la principale est *Haouaii*, couverte de montagnes volcaniques.

Entre l'équateur et le tropique du Capricorne, on remarque six archipels :

A l'O., les îles *Tonga* ou des *Amis*, et les îles *Samoa* ou des *Navigateurs*.

Au milieu, les îles de *Cook* ou d'*Hervey*, et les îles *Taïti* ou de la *Société*, dont la principale porte aussi le nom de *Taïti*.

A l'E,, l'archipel *Pomotou* ou des *îles Basses*, parsemé de beaucoup de récifs très-dangereux ; — et l'archipel de *Mendaña* ou des *Marquises*, dont l'une des principales est *Noukahiva*.

Au S. du tropique du Capricorne, on remarque : 1º l'île de *Pâques*, située dans la partie la plus orientale de l'Océanie; — 2º la *Nouvelle-Zélande*, composée de deux grandes îles principales, nommées *Ica-Na-Maoui* et *Tavaï-Pounamou*, séparées l'une de l'autre par le détroit de Cook ; — 3º l'archipel *Chatham* ; — 4º l'archipel *Macquarie*, qui est la partie habitée la plus méridionale de l'Océanie.

C'est au S. de l'archipel Chatham, et au S. E. de la Nouvelle-Zélande, qu'on trouve les *antipodes* de Paris, c'est-à-dire le point absolument opposé à Paris. Ce point se trouve dans la mer.

Au S. de l'Océanie, dans l'océan Glacial antarctique, ou sur les limites de cet océan et du Grand océan, Dumont d'Urville, James Ross et d'autres hardis navigateurs de ce siècle ont découvert les terres *Clarie*, *Adélie*, *Victoria* et quelques autres terres ensevelies sous des amas de neige et de glace. C'est ce qu'on appelle les TERRES ANTARCTIQUES DE L'OCÉANIE.

# CHAPITRE X.

GÉOGRAPHIE POLITIQUE DE L'ASIE MODERNE CORRESPONDANT A
L'ASIE CONNUE DES ANCIENS ENTRE LA MÉDITERRANÉE ET
L'INDUS.

L'Asie comprend treize divisions principales, qu'on peut
classer en quatre régions : — 1° les contrées situées sur
le versant des mers intérieures et sur le plateau de la
Perse, ou placées à la fois sur le versant des mers intérieures et sur celui de l'océan Indien; c'étaient les parties de l'Asie les plus connues des anciens, et elles sont
généralement placées entre la Méditerranée et l'Indus ;
— 2° la région du versant du nord ou de l'océan Glacial ;
— 3° les pays du plateau central et du versant de l'est
ou du Grand océan; — 4° les pays du versant du sud ou
de l'océan Indien.

La première de ces régions s'étend dans l'ouest de
l'Asie, et comprend six contrées : la Transcaucasie, la
Turquie d'Asie, la Perse, l'Afghanistan, le royaume de
Hérat, le Turkestan indépendant.

La TRANSCAUCASIE ou RUSSIE ASIATIQUE OCCIDENTALE
est une possession russe, très-bien placée et généralement
fertile. Elle est appuyée sur le flanc méridional du mont
Caucase, et située entre la mer Noire et la mer Caspienne. On y compte 2 000 000 d'habitants. La ville principale est *Tiflis*, dans la Géorgie, qui est la plus importante province de cette contrée. On remarque aussi
*Érivan*, dans l'Arménie russe, et *Bakou*, sur la mer
Caspienne.

La TURQUIE D'ASIE est un fort beau pays, situé avanta-
geusement à l'extrémité occidentale de l'Asie, entre la
mer Noire, l'Archipel, la Méditerranée proprement dite

et le golfe Persique; elle sert, pour ainsi dire, de lien aux trois parties de l'Ancien-Monde. La population y est d'environ 15 000 000 d'habitants.

On y trouve quelques-unes des régions les plus célèbres dans l'histoire : l'*Asie Mineure* (comprenant aujourd'hui l'*Anatolie*, la *Caramanie*, etc.); l'*Arménie*, la *Mésopotamie*; l'*Assyrie* (aujourd'hui *Kurdistan*); la *Babylonie* (aujourd'hui *Irac-Arabi*); la *Syrie* (qui renferme maintenant, outre la Syrie ancienne, la *Palestine* et la *Phénicie*).

On distingue les villes de *Smyrne*, d'*Angora*, de *Brousse*, de *Kutahieh*, de *Conieh*, de *Tokat*, de *Trébizonde*, dans l'Asie Mineure; — d'*Erzeroum*, dans l'Arménie; — de *Mossoul*, dans le Kurdistan; — de *Bagdad*, de *Bassora*, dans l'Irac-Arabi; — d'*Alep*, de *Damas*, de *Tripoli*, de *Beyrouth*, *en Saïde*, d'*Acre*, de *Jérusalem*, de *Jaffa*, dans la Syrie.

Parmi les nombreuses villes ruinées que cette contrée historique renferme, on remarque *Ninive* (près de **Mossoul**), *Babylone*, *Troie*, *Éphèse*, *Palmyre*, etc.

La **Perse** ou **Iran** touche au nord à la mer Caspienne, et vers le sud au golfe Persique et à la mer d'Oman. Elle comprend à l'est le Grand désert Salé, situé au milieu du plateau qui porte le nom de *plateau de la Perse;* mais ailleurs, surtout au sud, elle offre des régions fertiles et agréables : c'est la patrie primitive de la figue, de la grenade, de la mûre, de l'amande, de la pêche, de l'abricot, de la prune. Le souverain du royaume porte le nom de *chah.* La population est d'environ 10 000 000 d'habitants. — Les principales provinces de Perse sont l'*Irac-Adjémi*, à peu près l'ancienne *Médie;* le *Farsistan*, le *Khouzistan*, le *Khoraçan*, le *Kerman*. — *Téhéran* est la capitale; les autres grandes villes sont *Ispahan*, *Chiraz*, *Tauris*, *Hamadan*, *Balfrouch*, *Sari*, *Recht;* le principal port sur le golfe Persique est *Bender-Boucher*, ou mieux *Abouchcher*.

L'**Afghanistan** ou **royaume de Caboul** ne touche à la mer d'aucun côté. La partie occidentale appartient au plateau de la Perse; le reste est dans le bassin de l'Indus. Les hautes montagnes du Caucase indien couvrent le nord. La capitale est *Caboul;* les autres villes principales sont *Candahar* et *Ghiznih.* La population est de 5 millions d'habitants.

Le petit royaume de HÉRAT est renfermé entre l'Afghanistan et la Perse, et peuplé de 1 500 000 habitants. La capitale, qui porte le même nom, est une ville importante par son commerce.

Le TURKESTAN INDÉPENDANT, ou la TATARIE INDÉPENDANTE, s'étend à l'est de la mer Caspienne et autour de la mer d'Aral, et offre un mélange de steppes nues et de provinces très-fertiles. Cette contrée a été la patrie de nations guerrières (les Huns, les Alains, les Turcs, etc.), qui se sont répandues sur d'autres parties du globe; et les ont bouleversées. — Elle est divisée en plusieurs États, dont les principaux sont les khanats de *Boukharie*, de *Khôkhan* et de *Khiva.* Ses villes principales sont *Boukhara* ou *Bokhara*, et *Samarkand*, dans la Boukharie, *Khôkhan*, capitale du khanat du même nom; *Khiva*, aussi capitale du khanat du même nom, qui fait partie du pays de *Kharism.* — Le Turkestan indépendant renferme 8 à 9 millions d'habitants.

------

# CHAPITRE XI.

### GÉOGRAPHIE POLITIQUE DES CONTRÉES DE L'ASIE SITUÉES SUR LES VERSANTS DU NORD, DE L'EST ET DU SUD.

Sur le versant de l'océan Glacial, dans le nord de l'Asie, se trouve la SIBÉRIE ou la RUSSIE ASIATIQUE ORIENTALE, immense possession russe, plus vaste que toute l'Europe, et cependant à peine peuplée de 4 à 5 000 000 d'habitants, à cause de la rigueur du climat. Les parties

les plus méridionales de la Sibérie ont quelques cantons
fertiles en blé; mais la plus grande portion de ce triste
pays se compose de plaines marécageuses, de lacs, de
sombres forêts vierges, de steppes sablonneuses ou salées.
C'est surtout par les mines et par les animaux à fourrures
que la Sibérie est importante pour la Russie : il y a de
l'or, du platine, de l'argent, du fer, du cuivre, de la
houille, des pierres précieuses; telles que des améthystes,
des saphirs, des onyx, des aigues-marines; il s'y trouve
encore de grands animaux fossiles, entre autres, des éléphants mammouths.

Elle s'étend de l'O. à l'E., depuis les monts Ourals
jusqu'au détroit de Beering; les monts Altaï et d'autres
grandes chaînes du rebord septentrional du plateau central l'enveloppent au S. ; elle s'avance au S. O. jusqu'à la
mer d'Aral et à la mer Caspienne; la longue chaîne des
monts Iablonoï la parcourt à l'E. Les grands fleuves Ob,
Iéniseï et Léna la traversent du S. au N.; l'Amour l'arrose à l'E. La presqu'île de Kamtchatka, couverte de
hautes montagnes volcaniques, se trouve dans la partie
orientale. Les deux villes principales sont *Tobolsk*, dans
la Sibérie occidentale, et *Irkoutsk*, dans la Sibérie orientale. On peut encore remarquer, à l'O., *Tomsk* et *Omsk*;
à l'E., *Iakoutsk, Nertchinsk, Kiakhta*, grand entrepôt du
commerce entre les Russes et les Chinois; *Okhotsk* et
*Saint-Pierre-et-Saint-Paul*, les ports les plus importants
de la Russie sur le Grand océan; *Nikolaevsk*, nouvelle-
ment érigée près de l'embouchure de l'Amour, dans la
partie de la Mandchourie que les Russes ont récemment
enlevée à l'empire Chinois.

Le peuple nomade des *Kirghiz*, dans le S. O., reconnaît la souveraineté de la Russie. La plupart des îles
Kouriles et l'île Sakhalien, à l'E., à côté de la mer
d'Okhotsk, appartiennent aussi aux Russes.

Au centre et dans l'E. de l'Asie, sur le plateau central
et sur une grande étendue du versant de l'océan Pacifique, on voit l'empire Chinois et le Japon.

Le vaste EMPIRE CHINOIS est le plus peuplé du globe, un des plus civilisés, et le plus grand après l'empire Russe. Il occupe tout le plateau central et le bassin des fleuves Jaune et Bleu, et une partie de ceux de l'Amour, de l'Iéniseï, du Mè-kong, du Brahmapoutre et de l'Indus. Il est enveloppé, d'un côté, par l'océan; de l'autre, par les hautes montagnes de l'Himalaya, du Bolor, du Thien-chan (monts Célestes), de l'Altaï, du Kenteï. Il renferme six contrées principales : la *Chine propre*, la *Mandchourie*, la *Corée*, la *Mongolie*, le *Turkestan chinois* et le *Tibet*, auquel se rattachent le *Ladak* ou *Petit-Tibet* et le *Boutan*. De toutes ces contrées, la plus importante est la Chine propre, qui se distingue par la beauté de son climat, la fertilité de son sol, son industrie, sa nombreuse population (de 400 millions d'habitants), et qui est enveloppée au N., l'espace de 2600 kilomètres, par le célèbre et inutile rempart connu sous le nom de *Grande Muraille*. — La capitale est *Pe-king*, ou plus exactement *King-sse* ou *Chun-thian*, dans la Chine propre, où l'on remarque aussi les très-grandes villes de *Nan-king* ou plutôt *Kiang-ning*, de *Sou-tcheou*, de *Hang-tcheou*, de *Canton* ou plutôt *Kouang-tcheou*. Les principaux ports chinois qui ont été ouverts au commerce des Européens sont : *Chang-haï*, *Ning-po*, *Hia-men* ou *Émouy*, *Fou-tcheou*, enfin *Canton*, un peu au-dessus de l'embouchure du Ta-kiang, qu'on appelle aussi Tigre.

Les autres divisions de l'empire n'ont pas de villes bien considérables : la capitale du Tibet est *Lassa*, résidence d'un souverain pontife très-vénéré, nommé Dalaï-Lama; celle de la Corée est *Han-yang*; on remarque *Ourga* et *Ili*, dans la Mongolie; *Hami*, *Kachghar* et *Yarkand*, dans le Turkestan chinois; *Moukden*, dans la Mandchourie.

Ce sont les Mandchoux qui, depuis deux siècles, sont les maîtres de l'empire; mais une grande révolution qui agite en ce moment la Chine, tend à les expulser du pouvoir.

Les Portugais possèdent, dans la baie de Canton, la ville de *Macao*, sur l'île du même nom; et les Anglais y ont l'île de *Hong-kong*, avec la ville de *Victoria*.

Le Japon, empire tout insulaire, placé à l'est de l'empire Chinois, et remarquable, comme celui-ci, par son antique civilisation , se compose principalement des îles de *Nippon*, *Kiou-siou*, *Si-kok*, *Yéso* ou *Matsmaï*, et des *Kouriles* méridionales.

Il y a deux empereurs (l'un spirituel, le daïri ou plutôt mikado, et l'autre temporel, le koubo ou syogoun, c'est-à-dire le vice-roi, qui a aujourd'hui le pouvoir réel) ; il y a aussi deux capitales, situées l'une et l'autre dans l'île de Nippon ; ce sont : *Yédo*, résidence du koubo, une des plus grandes villes du monde, et *Myako*, résidence du mikado.

*Nagasaki*, dans l'île de Kiou-siou, a été, depuis le milieu du XVIIe siècle jusqu'à 1854, la seule ville ouverte aux étrangers, et les seuls étrangers admis étaient les Chinois et les Hollandais ; mais les Américains, les Anglais, les Français et les Russes viennent d'obtenir le droit d'aborder dans quelques autres ports de l'empire. — La population du Japon est d'environ 35 millions d'habitants.

Les îles *Licou-khicou*, *Lou-tchou* ou *Riou-kiou*, au S. O. du Japon, forment un petit royaume tributaire à la fois du Japon et de la Chine.

Sur le versant de l'océan Indien, on remarque d'abord les deux presqu'îles de l'Inde.

L'Indo-Chine ou la presqu'île orientale de l'Inde qui s'étend du N. au S., dans la partie la plus méridionale de l'Asie, entre la mer de Chine, le golfe du Bengale et le détroit de Malaka, dans les bassins du Mè-kong, du Mè-nam, du Salouen, de l'Iraouaddy et du Brahmapoutre ; elle est partagée entre plusieurs nations. — Les *Anglais* en ont une partie. Les principaux territoires anglais de l'Indo-Chine se trouvent dans l'ouest et le sud de la presqu'île ; ce sont : l'*Assam*, l'*Aracan*, le *Pégou*, qui a été conquis récemment sur les Birmans, et où se trouve le port célèbre de *Rangoun*, à l'embouchure de l'Iraouaddy ; le *Ténassérim*, où l'on remarque l'importante ville de *Moulmeïn*. Dans la presqu'île de *Malaka*, les Anglais ont la ville de ce nom ; à l'ouest de la presqu'île, ils possèdent l'île du *Prince de Galles* ou *Poulo-Pinang*, avec la ville de *Georgetown*. A l'extrémité méridionale de la même presqu'île, ils occupent la petite île de *Singapour*, possession très-importante par sa position intermédiaire entre l'Inde, la Chine et l'Océanie. Il s'y trouve une grande ville du même nom, entrepôt d'un commerce considérable.

L'empire *Birman* ou la *Birmanie* a été un puissant État, qui vient d'être beaucoup diminué par les conquêtes des Anglais; la capitale est *Ava*, et la plus importante ville ensuite, *Amarapoura*.

On distingue aussi le royaume de *Siam*, dont la capitale est *Bangkok*, à l'embouchure du Mè-nam ; l'ancienne capitale, *Siam* ou *Youthia*, est aujourd'hui ruinée. Ce royaume a pour tributaires plusieurs États du nord de la presqu'île de Malaka, ainsi que le *Camboge* occidental et une grande partie des *Lao*, peuple répandu aussi dans d'autres États de l'Indo-Chine.

Le royaume d'*An-nam* (comprenant le Tonkin, la Cochinchine, le Camboge oriental et une partie des Lao) a pour capitale *Hué*.

Il y a de petits États malais indépendants dans le S. de la presqu'île de *Malaka*.

Les îles *Andaman* et *Nicobar*, à l'O. de cette presqu'île, dans le golfe du Bengale, sont aussi indépendantes.

La population de l'Indo-Chine s'élève à environ 25 000 000 d'habitants.

L'HINDOUSTAN ou la PRESQU'ÎLE OCCIDENTALE DE L'INDE, qu'on appelle aussi simplement l'INDE, s'étend entre le golfe du Bengale et la mer d'Oman, au S. des monts Himalaya, et s'allonge en pointe vers le S., où le cap Comorin en forme l'extrémité. C'est une région très-riche et très-peuplée, siége d'une fort ancienne civilisation, et dont beaucoup de nations ou de conquérants se sont disputé la possession. Elle renferme environ 180 000 000 d'habitants. Aujourd'hui les Anglais en ont la plus grande partie.

La *colonie anglaise de l'Inde* est la plus considérable et la plus remarquable de toutes les colonies qui aient jamais été fondées. Elle s'étend à la fois dans l'Hindoustan et dans l'Indo Chine; mais c'est dans l'Hindoustan surtout qu'elle a acquis des proportions gigantesques : là les Anglais ont sous leur domination, immédiatement ou comme vassaux, environ 175 000 000 d'habitants. Ils ont immédiatement, au N., la province de *Pendjab* (partie considérable de l'ancien État des Seykhs), celles de *Dehly*, d'*Agrah*, d'*Allah-abad*, de *Bahar*; — au N. O., celle de *Sindhi*; — à l'E., sur le golfe du Bengale, les provinces de *Bengale*, d'*Oryçah*, des *Serkars*, de *Karnatic* (dont la côte se nomme *Coromandel*); — à l'O., une partie de celle de *Goudjérate*, et celles de *Pounah*, de *Beydjapour*, de *Kanara*, de *Malabar*.

Une autre partie est sous leur protection ou leur paye un tribut : dans cette catégorie, se trouvent les *Radjepouts* et l'État de *Sindhyah*, au N.; plusieurs États des *Mahrattes* et l'État du *Nizam*, au milieu; l'État de *Maïssour* et celui de *Travancore*, au S.

Il n'y a plus que deux États hindous qui soient tout à fait indépendants : ce sont le *Neypál* et l'État de *Cachemire*, l'un et l'autre dans le N., sur le flanc des monts Himalaya; ce dernier pays n'est qu'un débris du grand État des Seykhs, peuple qui a été quelque temps très-puissant.

Les possessions anglaises de l'Inde avaient été concédées à la Compagnie des Indes orientales; aujourd'hui elles sont soumises directement au gouvernement de la métropole.

Les villes les plus remarquables des possessions immédiates des Anglais sont : 1° dans le bassin de l'Indus : *Lahore*, ancienne capitale des Seykhs, au milieu du riche pays de Pendjab; *Amretseyr*, métropole religieuse des Seykhs; *Moultan*, sur l'Indus; *Peychaver*, prise sur l'Afghanistan; *Hayder-abad*, capitale du Sindhi, sur l'Indus;

2° Dans le bassin du Gange : *Dehly*, ancienne capitale

de l'empire de l'Inde et longtemps la résidence d'un prince qui avait le titre de Grand-Mogol ou d'empereur de l'Inde; *Agrah*, qui a été quelque temps la résidence des Grands-Mogols; *Allah-abad*, avec un temple fameux; *Bénarès*, la ville la plus savante des Hindous, sur le Gange; *Laknau*, capitale de l'ancien État d'Aoude; *Patna*, sur le Gange; *Calcutta*, grande et magnifique ville, capitale du Bengale et des possessions anglaises en Asie, sur l'Hougly, bras du Gange;

3° Sur la côte orientale du Dékhan (qui est la partie méridionale et triangulaire de la presqu'île) : *Kétek*, *Gangam*, *Madapolam* et *Mazulipatam*, connues par leurs étoffes de coton; *Madras*, siége d'un immense commerce;

4° Sur la côte occidentale de la presqu'ile : *Cochin*, *Calicut*, *Bombay*, située sur une petite île, et l'une des places les plus importantes de l'Asie; *Surate*, fameuse par son commerce, sur le Tapty;

5° Dans l'intérieur : *Nagpour*, *Beydjapour* ou *Visiapour*, *Pounah*, *Séringapatam*.

Dans les États tributaires ou alliés-protégés des Anglais, on remarque : au N., *Goualior* et *Oudjeïn*, dans l'État de *Sindhyah*; — à l'O., *Cambay*, au fond du golfe du même nom; — au centre, *Hayder-abad*, capitale de l'État du Nizam, et *Golconde*, fameuse par son dépôt de diamants.

Parmi les villes et les États indépendants, *Cachemire* (ou plutôt *Kachmyr*), dans la belle vallée du même nom, est célèbre par ses châles, et *Catmandou* est la capitale du Neypâl.

La France a, dans l'Hindoustan, *Pondichéry*, chef-lieu de ses établissements dans ce pays; *Karikal*, sur la côte de Coromandel; *Chandernagor*, sur la même côte; *Mahé*, sur la côte de Malabar; *Yanaon*, dans les Serkars. Les Portugais y ont conservé principalement le territoire de *Goa*, avec les villes de la *Vieille* et de la *Nouvelle-Goa*.

Près et au S. E. de l'Hindoustan, est la belle île de *Ceylan*, qui appartient à l'Angleterre; on y remarque le *pic d'Adam*, objet de la vénération de nombreux pèlerins, qui y viennent adorer l'empreinte gigantesque d'un pied divin. On y voit aussi la ville de *Colombo*, capitale de l'île; *Candy*, ancienne capitale; *Trinquemale* et *Pointe-de-Galle*, ports de mer.

Les *Laquedives* et les *Maldives*, au S. O. de l'Hindoustan, sont deux archipels composés de beaucoup de petites îles environnées de récifs : les premières reconnaissent la suprématie des Anglais, et les dernières sont indépendantes.

A l'O. de l'Hindoustan, est le BÉLOUTCHISTAN, qui s'allonge de l'E. à l'O., le long de la côte nord de la mer d'Oman, il est vassal des Anglais, et a pour capitale *Kélat*. Ce pays comprend à peu près 500 000 habitants.

Enfin la dernière contrée de l'Asie est l'ARABIE, située à l'extrémité S. O. de cette partie du monde, entre la mer Rouge, le golfe Persique et la mer d'Oman. Elle offre d'affreux déserts dans l'intérieur, et des cantons assez fertiles sur les côtes. L'intelligente nation des Arabes, si puissante au moyen âge, s'est répandue dans un grand nombre d'autres régions. — L'Arabie est partagée en plusieurs Etats, dont les principaux sont ceux du sultan d'*Yémen*, du chérif de *La Mecque*, qui reconnaît la suzeraineté ottomane; du sultan de *Mascate*, qui étend sa domination sur une partie du sud de la Perse, et qui porte aussi le nom de sultan de Zanzibar, à cause d'une importante possession qu'il a en Afrique. — Les villes principales sont *La Mecque*, *Médine*, *Moka*, *Mascate*. — L'Arabie renferme environ 8 000 000 d'habitants.

Les Anglais ont, sur la côte méridionale de cette contrée, l'importante place d'*Aden*, et se sont établis aussi à l'île *Périm*, qui est à l'entrée de la mer Rouge, dans le détroit de Bab-el-Mandeb.

# APPENDICE.



## OBSERVATIONS GÉNÉRALES SUR LES HABITANTS, LE CLIMAT ET LES PRODUCTIONS DE L'ASIE.

**Habitants de l'Asie.** — La population de l'Asie s'élève à environ 700 000 000 d'habitants. Elle appartient à la race blanche et caucasique dans la moitié occidentale et dans quelques parties du N.; elle est de la race jaune ou mongolique dans la moitié orientale et chez un grand nombre de peuplades boréales.

Parmi les peuples de la première race, il en est qui semblent s'en éloigner par leur couleur : tels sont les *Hindous*, qui ont une peau très-brune, mais qui, par les traits de leur visage et par leur conformation générale, se rapportent aux nations blanches. Les autres peuples de cette race sont les *Arabes*, les *Persans* ou *Tadjiks*, les *Afghans* ou *Patans*, les *Turcs*, les *Kurdes*, les *Turcomans*, les *Ouzbeks*, les *Ostiaks* et quelques autres populations d'origine *finnoise*, en Sibérie ; les *Druzes*, les *Maronites*, les *Béloutchis*, les *Géorgiens*, les *Arméniens*, les *Grecs*, etc. Il y a, dans la Transcaucasie et la Sibérie, des *Russes* et des *Cosaques;* dans l'Inde, il se trouve un assez grand nombre d'*Anglais* et de *Portugais noirs*, qui descendent d'un mélange de Portugais et d'Hindous.

A la race jaune appartiennent les *Mongols* (dont font partie les *Kalmouks*), les *Mandchoux*, les *Chinois*, les *Tibétains*, les *Japonais*, les *Ainos*, les *Coréens* et divers petits peuples de la Sibérie, tels que les *Bachkirs*, les *Toungouses*, les *Iakoutes*, les *Samoïèdes*. On comprend sous le nom assez vague de *Tatares* (appelés improprement *Tartares*) des peuples répandus dans les régions centrales, occidentales et septentrionales, et formés d'un mélange de Turcs et de Mongols ; tels sont les *Kirghiz*.— Les peuples de l'Indo-Chine, les *Birmans*, les *Siamois*, les *Cochinchinois*, les *Tonkinois* et quelques autres tiennent à la fois de la race jaune et de la race caucasique.

On trouve encore dans l'Indo-Chine, au sud-est, des populations *malaises*; et il y a des habitants *nègres* dans les îles Andaman.

L'Asie a vu sortir de son sein les nations qui ont peuplé ou conquis tout l'ancien continent, et probablement le globe entier. Elle fut le berceau des sciences, des arts et des idées religieuses qui se sont répandues dans l'Occident et y ont enfanté une si brillante civilisation ; mais elle-même est restée stationnaire dans plusieurs de ses contrées, et dans d'autres elle a rétrogradé; car les pays asiatiques occidentaux, d'où l'Europe a tiré ses lumières, sont aujourd'hui peu policés, et la Chine, le Japon, l'Inde, où une foule d'inventions curieuses ont pris naissance, n'offrent pas de progrès dans leur civilisation : ils restent ce qu'ils étaient il y a plusieurs siècles.

Les principales langues de l'Asie sont l'arabe, l'arménien, le géorgien, le turc, le persan, le sanscrit (langue savante qui n'est plus parlée aujourd'hui), l'hindoustani, le chinois, le japonais, le tibétain, le birman, le siamois, le mandchou, le mongol, le malais.

La religion *mahométane* ou *musulmane*, née en Arabie, domine dans les parties occidentales, et s'étend jusque vers le centre et vers les extrémités méridionales. Elle se divise en deux sectes rivales : la secte d'Ali ou le *chiisme*, qui domine en Perse, et la secte d'Omar ou le *sunnisme*, qui règne surtout en Turquie.

Cette partie du monde fut aussi le berceau du *christianisme* et du *judaïsme*. Les chrétiens ne sont un peu nombreux que dans la Turquie d'Asie, le voisinage du Caucase, la Sibérie, l'Hindoustan; enfin, des missionnaires propagent activement la religion chrétienne dans la Chine et l'Indo-Chine.

Le *brahmisme*, religion païenne domine dans l'Hindoustan; le *bouddhisme* est répandu surtout dans l'empire Chinois, dans l'Indo-Chine et au Japon. Suivant la croyance de la plupart des bouddhistes, la divinité supérieure subsiste éternellement dans la personne du Grand-Lama, souverain du Tibet. Le *chamanisme*, qui, chez plusieurs peuplades, descend à l'adoration des esprits malveillants, se rattache au bouddhisme; il est répandu chez les peuplades du nord. Il y a, dans la Perse et l'Hindoustan, un assez grand nombre de *parsis* ou *guèbres*, adorateurs du feu. Il n'y a plus guère de *sabéens* ou adorateurs des astres, autrefois très-nombreux dans l'O. de l'Asie.

**Climat et productions.** — Le climat est bien plus rigoureux dans le N. de l'Asie que dans les parties correspondantes de l'Europe. Au S., on éprouve des chaleurs étouffantes. Sur le plateau et dans les montagnes du milieu, il fait plus froid que la latitude ne semble l'annoncer. A l'E. et à l'O., la température est douce et agréable.

L'Asie possède une grande abondance de pierres précieuses : rubis, turquoises, saphirs, etc. Il y a de riches mines de diamants dans l'Hindoustan. L'or abonde dans les monts Ourals, les monts Altaï, l'Indo-Chine, l'Hindoustan, le Japon; l'étain, dans la presqu'île de Malaka.

La végétation est magnifique dans le S. de l'Asie : on y voit des palmiers, l'indigotier, le cannellier, le poivrier, le camphrier, le figuier indien, le tek, l'oranger, le bambou, le bananier, le bois de sandal, le caféier, le cotonnier, la canne à sucre, le riz. Dans l'O., on remarque des oliviers, la vigne, des térébinthes, des lentisques, des cyprès, des cèdres, des cerisiers, des abricotiers, des pêchers, des pruniers, des amandiers, des mûriers, des grenadiers, des figuiers, des céréales semblables à celles de l'Europe; dans l'E., le thé, l'arbre à vernis, les arbres à suif et à cire, le camélia, l'hortensia, etc.

Les chameaux sont les plus utiles bêtes de somme des régions occidentales et centrales. Les chevaux d'Arabie sont renommés. Les animaux des pays du S. sont principalement les singes, les éléphants, les tigres, les perroquets, les argus, les paons, les faisans dorés et argentés.

Dans les montagnes du centre, on rencontre la chèvre qui donne le duvet à châles, le yak, le chevrotain porte-musc. Dans le N., il y a des martes, des hermines, des renards et autres animaux à fourrures.

Le ver à soie est originaire de l'Asie. On pêche sur les côtes méridionales beaucoup de cauris et d'huîtres à perles.

# TABLE DES MATIÈRES.

### CHAPITRE IX.



### CHAPITRE X.



### CHAPITRE XI.



### APPENDICE.



FIN DE LA TABLE DES MATIÈRES.

Paris. — Imprimerie de Ch. Lahure et Cie, rue de Fleurus, 9.

BIBLIOTHEQUE NATIONALE DE FRANCE
3 7531 06061050 9